チェンバレンの琉球・沖縄発見

山口栄鉄

芙蓉書房出版

はじめに

　英人日本学者バジル・ホール・チェンバレンが旧琉球王国の地を踏むのは明治二十六（一八九三）年、首里、那覇にはかつての王国時代の風情がいまだ色濃く残っていました。しかし、首里の旧王宮内には最早やその国の主《あるじ》の姿はなく、王宮前の広大なウナーには日本国陸軍の将校、兵卒が闊歩する姿がありました。頃は陽春三月、辺りは昔ながらの海邦を微風が包み込んでいました。その頃の島の人々も王国から明治の新たな時代への「世替わり」の実質、実相をいまだ十分には感得し得ないでいました。チェンバレンもその琉球発見記を綴るに沖縄県ではなく、「琉球、ルーチュー」で通しています。

　壮年期のチェンバレンの来琉で最も成果の大きかったこと、その「日本語の姉妹語としての琉球語」の発見、そして『おもろさうし』、『混効験集』の発見などは、今や識者の間ではあまねく知られるところです。しかし、それ以外にもチェンバレンは昔ながらの王国の伝統を守り続ける旧国王の嫡男尚典王子、四男尚順王子をはじめ華族の伊江、玉城《たまぐしく》らと那覇や首里で心温まる交流を重ねていました。特にチェンバレンが「本土での教育をも受けられ、非の打ち所のない日本語の話し手」と記している二十一歳になったばかりの若い尚順松山王子からは特に招きを受け、龍潭、いゆぐむい、添いの松山御殿で王子との何度目かの歓談に花を咲かせたりしています。チェンバレンはまた、その頃を去る七十七年前、自分の祖父キャプテン・バジル・ホールがこの国を訪れていることを良く知っていました。チェンバレンの訪琉時をさらに百二十余年を経る今の時代を生きる私たちにも、チェンバレンとその祖父の時代との間にウチナーンチュの「肝心《ちむぐくる》」、「志情《しなさ》き」の深さにはいささかも変わりがなかったことが分かります。

以下はハワイやニューヨークなどの在米沖縄県人、そしてその子弟らのために「琉球国を訪れた欧米人の足跡」というテーマで、特にチェンバレンを取り上げて話した内容をまとめたものです。私がチェンバレン研究を始めた早い頃まとめましたチェンバレンの手になる長文の琉球見聞録「琉球~その島と人々」を基にしたものです。そのチェンバレンの英文原著の内容につきましては、引き続き「Ⅱチェンバレンの琉球・沖縄見聞録」をご覧いただけますよう。

さあ皆さん、那覇と旧都首里を往来するチェンバレン、そして馬上に身をゆだね、馬方二人に守られながら南部島尻の広大な農村地帯への散策に出かけるチェンバレンの足跡を私たちもまた共に追ってみましょう。

二〇一六年十一月吉日

山口　栄鉄

チェンバレン肖像と自署
（山口栄鉄編訳『チェンバレン日琉語比較文典』より）

チェンバレンの琉球・沖縄発見 ✣ 目次

II　チェンバレンの琉球・沖縄見聞録 ……………………… 49

I　チェンバレンと琉球弧との繋がり

那覇港に降り立った壮年期の学究

　那覇港に着いたばかりの汽船陸奥丸から大勢の旅客に混じって今ゆっくりとタラップを降りる青い目の一外人さんの姿がありました。神戸より名瀬経由那覇に着いたばかりの陸奥丸を降り立つ他の旅客に比べ　ひときわ背が高く、ひょろりと痩せたその体躯をさわやかな洋装に包むその紳士の名はバジル・ホール・チェンバレン。時に明治二十六（一八九三）年二月末、あたりはもう陽春の気配に溢れています。壮年期の英人チェンバレンはその時四十三歳、すでに東京生活二十年の経験を積んでいました。明治もすでに半ばを過ぎた頃とはいえ、琉球王国時代から沖縄県に早変わりしてからまだわずかに十四年しか経っていません。ですからチェンバレンが頭の中で描く沖縄の姿は、この機に備えて予備知識を、と丹念に文献に当たって熟読した欧米人による琉球国見聞録の類いはそのほとんどが琉球王国時代にこの地を訪れた異人さんの手になるもので、王国のユカッチュ（上流士族階級の人たち、士族）の風情も髷《まげ》にかんざしといったようなものばかりでした。

　ということで、かつての江戸が今や東京へといった目まぐるしいばかりの世の移り変わりを己れの目で確かめているチェンバレン、特にこの旧王国の民がヤマト以上の激動の「世替わり」を経てきていることを知っているチェンバレンの心中には、その変転の様相を今また己れの目で確かめ得るとの期待とは裏腹に、一方ではまた何かしら頭の中にしかない琉球王国の姿がどうか、そのままの姿であっていてほしいとの期待、いやむしろ祈るような気持ちの入り交じった複雑な心情をどうすることもできませんでした。

ところで、キャプテン・バジル・ホールという名は、このアメリカで生まれ育った沖縄県人の二世、三世の若い方々にはともかく、年配の方にとってはそれほど珍しい名ではないかも知れません。バジル・ホールという名前だけで、すぐにもチェンバレン家と繋がりのある人物なのでは思われることでしょう。そうです、今こうして那覇の港に降り立ったチェンバレンの外祖父、つまり母方のおじいさんに当たる方がそのキャプテン・バジル・ホールなのです。

キャプテン・ホールは何と今そのお孫さんがやってきた年、すなわち一八九三年を遡ること、わずか七十七年前の一八一六（文化十三）年に我が大琉球島のナーファとトゥマイ（泊村）の港に上陸しているのです。ライラ号として知られる英国海軍の砲十門を擁する砲艦を率いるのがすなわちキャプテン・ホール、そして今一つ、旗艦アルセスト号を率いるマクスウェル艦長一行の大琉球島来航でした。今砲艦という言葉を使いましたが、その言葉からすぐ思い浮かぶ例えば「砲艦外交」といった恐ろしい響きを持った内容とはまったく違った、琉球の人たちと青い目のイギリス人海軍士官らとの実に心暖まる友好の場がウチナーで展開されたのです。この点をまず心に留めておいていただきたい。ホールの裔孫チェンバレンの、あの祈るような気持ちを理解するためにも。

あと一点、我が琉球王国は西洋諸国ではその頃一律に「大琉球 The Great Luchu」として知られていました。特に「偉大な琉球」といった意味を含んでいたというわけではなく、それがその時代のわがウチナー島の通称だったのです。ですから例えば私の長い間務めていましたエール大学の中央図書館のカードカタログ（今やそのような古い方式は完全に消え去りましたが、私などそのような旧式の検索方法でどれほど多くの新しい知識に与ることができたことでしょう）には Ryukyu の他に Luchu とか Loochoo とかといった項目がありました。世界でも五指に数えられるといわれていますニューヨーク市立図書館（五番街、四十一丁目と四十二丁目の間）あたりで、そのような用語にあたってみてはどうでしょう．もちろん、二十一世紀のインターネット方式で……。

祖父キャプテン・ホールの古典的名著

話が少々脱線しましたが、そのチェンバレンのおじいさんのキャプテン・バジル・ホールの書き残した書物に『朝鮮及び大琉球島航海探検記』（一八一八年）と題するものがあります。来琉二年後にロンドンの一流出版社から出たもので、たちまちにして今でいうベストセラーに近いといいますか、とにかく世の絶賛を浴びた極東航海記となり、その後、その筋の専門家の間では「古典的名著」とさえ呼ばれるような地位を確立するに至りました。ホールはその頃の自分と同じスコットランド出身の文豪ウオルター・スコット卿とも面識があり、スコットがワーズワースやコウルリッジらとともに運動し、大いに成果をあげた英国ロマン主義思潮の波にのって当時の欧州知識人の間に受け入れられていったのでした。

沖縄でも県立図書館にはホールの原著が大切に保管されていますが、沖縄の方々と違ってアメリカの古い図書館が身近にある諸君には是非とも一度キャプテン・バジル・ホールの英文原著を手に取ってみていただきたい。原著初版は大型クオルト版でずっしりと重い皮革装幀の豪華本です。ページを繰りますと、きっとその頃の書籍としては珍しい、これも極彩色による二百年前の我らがウチナーの風物、風景の数々が諸君の目を惹き付けるに違いありません。

ところで、二〇一一年には初めてバジル・ホールの古里スコットランドにおいてホールの「伝記」が出版されました。著者は **James** McCarthy、タイトルは ***That Curious Fellow: Captain Basil Hall.*** 私ども沖縄にルーツを持つ者にはとても嬉しいニュースです。表題の“*That Curious Fellow*”と言いますのは先輩スコットがホールを指して言った言葉です。その伝記については新たな機会を設けて解説する必要がありそうですが、とりあえず今は先に進みましょう。

ウランダー墓に眠る一水兵の霊

皆さん、泊港の北岸、水産高校の近くにウランダー墓として知られる外人墓地のあることをご存知でしょう。沖縄の地で死を迎えた多くの外人さんの立派な墓標の影にあってひっそりと見え隠れするような形で横たわる簡素な墓石が一つあります。それには **Wm Hares, Englishman, 1816** とだけ刻まれています。英国出航以来、何ヶ月にも及ぶ航海で病に倒れ、故郷イギリスを遠く離れたウチナーの地で遂に命を絶ったキャプテン・ホール艦隊一行の内の若い水兵ヘヤーズの霊がそこに眠っています。体調をくずした者にはヘヤーズのほかにも幾人かの水兵、士官がいました。彼らはとりあえず近くの聖現寺に収容されたのですが、そのことを聞きつけた地元のウチナーンチュが次々と見舞いにやってきます。英文で沖縄史の分厚い本を書き上げたジョージ・カーの原書を最近私はその和文完訳版にする作業を終えましたが、その中にその当時の模様を伝えるキャプテン・ホールの記述を要約しながら綴るカーの言葉がありますので、それを以下に掲げましょう。

「船乗りの何人かが体調を崩し、海岸沿いの舘《やかた》に収容された。彼らの様態を気遣った沢山の人が連日那覇や首里からやってきて、患者に少しずつ卵、果物、菓子などを差し出した。艦隊が那覇に着いた時すでに危ない状態にあった一水兵が息を引きとった。その葬儀が執り行われると、多勢の沖縄人が参加したいとやってきた。その多くは白と黒の喪服に身を包んでいた。

彼らが墓標を建てたいのだが許して貰えるだろうかと言うので、一個の石に英文の碑文をインデイアインクで書いてやると、それをなぞって彫り込み墓地に建てた。それには次のような言葉が刻まれていた。

英艦アルセスト号の水兵
ウィリアム・ヘヤーズ、二十一歳、の霊ここに眠る
一八一六年十月十五日死亡
この碑は客を手厚く遇するこの島の
国王と住民によって建立された

この悲しい出来事に際して沖縄人の見せた行動は、英国艦隊の士官から水兵に至るすべての者の心にいつまでも残る印象を刻み込んだ。同国、同郷の同志を遠い異国の墓にただ一人残さねばならないというのは、海を往く男たちにとって必ずしも珍しい事ではない。しかし、それは常に底知れぬ悲哀を伴うことである。疑い深く好奇心と敵愾心に満ちた遠洋の原住民の前でしばしばキリスト教の教義に即した最後の葬礼の儀を執り行わねばならなかった。沖縄の人たちが丁重に哀悼の意を表してくれた事実は深い感謝の念を以て記録された。このことは多分にロマンの香りがあって、その記録を読んだ人たちの想像を駆り立てた。ビクトリア朝の作家たちがこぞってそのことをかき立てた」

私から皆さんへのチャレンジと課題

さて皆さん、キャプテン・ホールのお孫さんのバジル・ホール・チェンバレンは生まれて初めての琉球島訪問に当たって、もちろん事前に祖父ホールのその航海記を丹念に読み解いていました。ウチナーンチュの「肝心《ちむぐくる》、志情《しなさ》き」のいかなるものなのか、その一端に触れていたのです。訪琉後僅か二年後の一八九五年にチェンバレンは一ヶ月にわたる琉球国見聞記を母国英国の一流の地理学会誌に発表しています。それが本稿後段に掲げる「Ⅱチェンバレンの琉球・沖縄見聞録」です。先ほど私は、「チェンバレンの祈るような気持ちをまず心に留めておいて欲しい」と申し上げました。ロマンの香りに溢れる祖父の時代から七十七年を経る今、ウチナーの民は、王国から沖縄県へという激動の時代を経ていることをチェンバレンは十分に理解していました。かつての徳義心溢れる沖縄の民の心が変転極まりない世の動きで、もしかして時代の波に打ちひしがれ、冷たい世のあおりで、そのような情け心を失ってしまっているのではなかろうか。いや、そうであって欲しくない。これこそが那覇の港に降り立った良識ある英人チェンバレンの抱いていた「祈るような気持ち」なのでした。

ここで私は皆さんにチャレンジを致したいと思います。果たしてチェンバレンの接した沖縄の民は、チェンバレンのその「祈るような気持ち」に報いることができたのでしょうか？　それともウチナーの民は、やはり独立自治国としての逞しさを謳歌していたころの勢いを失った

「情きねん人（ふぃとぅ）」～吉屋チルーではありませんが～になってしまっていたのでしょうか。我らウチナーンチュの心性、精神構造にかかわるその問題については、今しばらくそっとしておいて先に進みましょう。まずチェンバレンの次の言葉に耳を傾けてみてください。

「……バジル・ホールの航海記は琉球の習俗を実際にその目で確認したものとして、琉球に関する著述としては西洋における初期のものです。英国乗組員の一人が死亡し、那覇から三分の二マイルほどの人目につかない海浜近くの天久寺で琉球側から提供された墓に埋葬されたのですが、私はそれを確かめんものとそこへ足を運びました。『客を遇するに礼節あふれるこの島の国王および住民』から受けた恩恵に対して艦長が感謝の意を記した碑文は依然判然とその跡を留めていたのでした。運命の奇妙ないたずらとでもいうのでしょうか、ただ一カ所そのなかで最早や判読に耐えぬ部分がありましたが、それは、その霊を後世に伝えんとした哀れな一青年の姓名なのでした。爾来、この地には幾人かの欧州航海者の霊が眠っています」

私自身、もう大分前の事になりましたが、何年ぶりかの故郷《ふるさと》那覇帰省の折りにその水兵ヘヤーズの墓石を確認したいと思い、外人墓地に足を運びました。チェンバレンの頃、すでにその名が消えていたという名前がちゃんと刻まれて残っていました。ただ、先にも触れましたように「Wmヘヤーズ、英人、一八一六」とあるだけで、バジル・ホール一行が残してくれた元々の墓石ではありませんでした。那覇市のほうでせめて簡素なものでもいいからと、ホールなどの歴史文献を調べて、今あるような物にしてくれていたに違いなく、チェンバレンが感じたような感傷といいますか、残念な思いをしないで済みました。その写真は私の早い頃の『異国と琉球』と題する本の中に収めてあります。

ところで、こんなにも大事な英国と琉球王国との友好の絆《きずな》ともいうべき、記念の証《あかし》の一つがそのような簡素なままでいいはずがなく、その墓石がまた摩滅してしまわないうちに、せめてホール一行がウチナーンチュの手を借りて刻んで残したという「この碑は客を手厚く遇する……」という原文の形を再現して後世に残すべきではないでしょうか。泊のその外人墓地を訪れたことのある方でしたら、その入り口に堂々とした「ペリー提督琉球上陸之地」と刻まれる碑のあることをご存知でしょう。琉球国と西洋諸国との交渉史の内実、実相にいささかなりとも目を向けた方でしたら、それこそ「砲艦外交」で王国の支配者を威嚇し、しかもワシントンの海軍省上層部、そして大統領府にこれまた堂々と「琉球島占拠」を進言していた(二度ならず二度までも)ペリーの碑がそこにあって、非武装国琉球の民と心からなる友好の誓いを交わし合っていた当時の偉大な大英帝国の海軍士官らとの交流を記念するものが、ヘヤーズの墓石以外には何もないことに違和感を感じる方は少なくないと思います。

それだけではありません。ホール一行の来琉はペリーのそれを遡ること実に三十七年も前のことなのです。歴史的な意義という意味でどちらを優先すべきかという問題を持ち出せば、これまたとかく理屈っぽい話をしがちな専門家からは、色々と異論が出ることでもありましょう。幸いそのようなことにはお構いなしに、英国と旧琉球国との友好の証《あかし》を末永く伝えようとの意気に燃える新進気鋭の若者たちが、特に沖縄県政を与る人たちの後押しを得て声を挙げつつあります。

二〇一二年には那覇でそのような趣意を分かち合う人たちが集い「バジル・ホール研究会」が結成されました。思えば、二〇一六年は、キャプテン・バジル・ホール一行の来琉二百年目に当たります。沖縄の民は今何をなすべきなのでしょうか。そのようなことがウチナーンチュの果たすべき課題の一つとして今私たちに問われています。そのような沖縄の有志の動きを知った東京在英国大使館からは英国大使直々の激励の言葉が研究会あてに届いています。

旧薩摩武士、今県令との会見

取りあえず那覇で旅装を解いたチェンバレンは、すぐさまその頃の沖縄県令（知事）奈良原繁氏の元を訪れます。県令は前任者丸岡完爾県令の後をついで那覇にやってきてまだ一年と経っていませんでした。奈良原県令はその後十数年にもわたって沖縄県政を取り仕切り、ときには大なたを振るって沖縄の古い慣習、慣例の改革に努め、「琉球王」とまでいわれた人物です。

チェンバレンが那覇で会見した沖縄県令（知事）奈良原繁男爵（チャールズ・レブンウオース著、山口栄鉄・新川右好共訳『琉球の島々：1905年』）

「大なたを振るって」と言ってふと思い出したのですが、日本国ではまだ髷に両刀を腰に差した侍が行列をなし、田舎道などを往きますと並みいる農民、平民に向かって「引けえー、引けえー」と大声で「人払い」をして闊歩していたころ、横浜は武州生麦村（今の横浜市鶴見区）で起きた「生麦事件」のことを耳にしたことはないでしょうか。薩摩藩主島津久光が江戸からの帰国途上、その生麦村に差し掛かったとき、行列の一行とばったり出会ったのが、馬で往く横浜在の英人一行数人でした。その中には馬上の英婦人一人もいました。七百人もの侍を従えたその大名行列の守備兵、監督官にも等しい「供頭」が何と豪腕で聞こえる薩摩の武士奈良原繁（喜左衛門、幸五郎）だったのです。「馬を降り平伏せよ！」との命令に、その意を解せない英人連、そのまま行列に馬で乗り入れようとしました。怒り狂った供頭奈良原喜左衛門、抜刀するや馬上の英人リチャードソンに飛びかかり、横っ腹を切り付け、落馬させてしまいます。なおもその場を逃れんとの傷ついたリチャードソン、今一人の侍にとどめをさされてしまいます。

異聞、生麦事件との関わり

今チェンバレンが対面している紳士、新しい時代の温厚の士がすなわち、かつての血気にはやる薩摩の武士、奈良原喜左衛門、後の幸五郎、繁だったのです。かの生麦事件は、そのチェンバレン、奈良原の対面の場を遡ることちょうど二十年前、文久二（一八六二）年のことでした。チェンバレンが目の前の奈良原県令のそのような素性を知っていたかどうかは定かでありません。今や近代化の雄叫びに溢れる新時代、そのようなことなどどうでもいいことでもありましょう。ただ、「生麦事件」に触れた今、私にはどうでもいい事などではない歴史上のいきさつ、特に琉球の歴史とかかわりのある、といいましょうか、捨て置けないことが二つ、三つ、いや四つばかりあります。そのことについて述べねばなりません。

まずその一つ。生麦村を往く猛々しい薩摩武士の行列、その行列の主人公、駕籠の中の人物が先ほども触れました島津久光でした。その久光の前代、第二十八代島津藩主がすなわち幕末の頃の琉球の命運とも関わりの深かった、かの斉彬《なりあきら》で、二人は異母兄弟の仲、その仲は史家ジョージ・カーによりますと犬猿の仲に近いものがあったとのことです。表向き攘夷の国策に同意しながら、その実、幕府の目を盗んで仏国との軍事物資、特に軍艦などの購入で密約の締結に奔走していた人物が素早く時代の動きを感得し先見の明に富んだその島津斉彬でした。その斉彬から直接命を受けて仏国との秘密交渉に当たった人物の一人が、琉球王府きっての切れ者、かの板良敷朝忠でした。

朝忠はバジル・ホール一行ともゆかりの深い泊村の聖現寺に滞在していた仏国派遣の宣教師の幾人かを通じて藩主斉彬の手先として動いていたのでした。そのような薩州の動きは斉彬の突然の死ですべてがご破算となります。それどころか、その時代の動きの急変は、琉球王府の命運をも担っていた俊才板良敷の運命にも関わってきます。にっくき兄斉彬の政策をことごとくご破算にしたのが他でもない、あの駕籠の中の久光でした。当然の事ながら琉球王府の中枢では右往左往の大混乱に陥ります。誰の首が飛ぶのか、と互いに罪のなすり合いが始まります。「世に牧志（朝忠のその後の名）・恩河事件」として知られる王府の「内紛」がそれです。

二つ目は、その久光から板良敷に薩州へ出頭せよとの声が掛かります。琉球王府内ではいよいよか、といった猜疑の念に満ちたユカッチュのタンメーターが色を失います。薩摩の法廷であれこれ朝忠に言ってもらっては困る人たちがきっといたに違いない。何としてでも朝忠の姿を消したいと策略を巡らす動きがあったとしてもそれほど不思議ではなく、むしろ当然の動きだったのでは？　朝忠とともに隠密然として行動を共にしていた鹿児島人の市木某にしても、この事態の急変に直面してはそのような陰謀、策略にかたむきつつあったのでは？　ここまでは私の勝手な想像、いわゆる英語である事件に関して問題にされる〜今、日本語のうまく当てはまる言葉が思い出せませんが〜 Circumstantial Evidence に基づく発言だということをお断りしておきます。

さて、厳重な警護のもとに朝忠は「捕われの身として」（だとしか思えませんが、少なくともこれまでの歴史家の解釈、そしてその状況、すなわちCircumstantial Evidence～面倒ですからとりあえずCEということにしておきます～に基づく限り）トカラ列島の彼方の薩州を目指して運ばれる船中の人となります。その直後に起こることは、その頃の琉球史の動きに詳しい方々にはもう明らかです。船が伊平屋の海の辺りに近づくや、突如朝忠は身投げをしてしまう（～ということになっていますが……）。史実は「朝忠がこの世から姿を消した」という、ただそれだけで、それ以外はすべてCE、それ以外の何ものでもありません。そして、それ以外は皆さん、世の史書などの行間を読み解きながら考えて行く作業が必要ですね。と、ここまで申し上げますと皆さんの心中、色々と波立つ思いでおだやかならぬものがありそう。様々なCEが思い浮かび、それがまた色々な結論といいますか、仮説、いや憶説となって錯綜し、いよいよ頭がこんがらがってくる！。実は私もそのような一人で、落ち着かない日々が続いたような記憶があります。最近になってジョージ・カーの沖縄史の本をひも解くまでは……。そこには次のようなことが記されているのです。

薩摩より板良敷へ出頭命令～その真因とは？

それが第三点、すなわち、新たなCEでもあるのですが、藩主久光が板良敷朝忠に出頭を命じたのは実はこれまで異国人との交渉で幾多の功績のある朝忠の才をさらに薩州において発揮してもらおうということだったというのです。何と藩校において英語教育の指揮を取ってもらおうというのが藩主の真意だった、と！　朝忠自身、そのようなことを知るはずがなく、したがって「身を投げた」という意味、その解釈が新たなチャレンジとなって史家そして皆さんの前に展開することになります。今しがた「捕われの身だった」としたこともあやしくなって参ります。久光の指令が事実だったとすれば、朝忠のような重要な人物がそのように扱われるはずがありません。それまでの解釈が、ここでもまたＣＥに基づく勝手な歴史解釈だったのではとの疑問が湧きます。

　ということで次の第四点ということになります。藩主久光の心中には、いかにもそのような指令を発した状況があったに違いない、いやそのような状況があったろうとの新たなＣＥが歴史の前面に浮かび上がってくるのです。たびたびＣＥという言葉を持ち出しますが、これがいかに重要な意味合いを持つ言葉なのか、皆さんには理解していただけるでしょう。今思い出して手元の英和辞典にあたってみたら、ただ「(法) 状況証拠」とだけしかない。これだけでは皆さん、決して満足には思われないでしょう。わざわざ（法）とあることだけでも複雑な意味内容を含んだ用語だろうということが想像できる。「状況証拠」だけではカバーできない深くて、広い～しばしば肯定、否定的な文脈中にさえ用いられる～ことなど分かりようがない。その辺りのちゃんとした日本語がない、いや概念がないために、従来の我が国における歴史解釈がしばしばＣＥを「歴史的事実」と解し、いかに間違った解釈が行われてきたことでしょう。

ここまでお話をしてきて、ふと手元の『簡易オックスフォード英英辞典』にあたってみました。そこには例えばウエブスターとは異なり、次のような簡単明瞭な定義がなされています。Strongly suggesting something but not proving conclusively. 生麦事件で薩州が英国人、英国女王配下の臣民を殺害し、殺傷に及んだということに対し英国政府が薩州に抗議、それが賠償問題を生み、結局史書にいう「薩英戦争」に発展します。と、ここまでは明らかな史実でしょう。それほど明らかでなかったこと、それは何ゆえに兄貴分の斉彬の西洋への傾倒策にことごとく反意を示していたと言われていた久光が突如、西洋についての言語知識の豊富だった朝忠を用いるようになったかという点です。その答えがこれまたカーの史書に綴られているのです。カーいわく、薩英戦争で徹底的に痛めつけられた藩主久光は、己れの支配する薩州の微力なることを思い知らされ、一転して西洋の威力、中でも海軍力のそれに開眼し、その増強に力を入れ始めたというのです。それが明治の新たな世になって華々しい発展、展開をみせる日本帝国海軍の誕生につながる、と。

維新政府を統率する中枢が例えば大久保利通をはじめとする薩摩出身の者で占められ、その後の台湾征討遠征軍の総指揮官として琉球史の一ページにもその名を留めることとなった、かの西郷隆盛の令弟西郷従道《つぐみち》の名などが思い出されます（あとで気づいたのですが、物の本によりますと西郷従道は陸軍中将だったとのこと。今すぐには思い出せませんが、たしか草創期の日本帝国海軍のリーダー格の人物には薩州出身のそうそうたる面々があった)。ついでにと言えば語弊があるかも知れませんが、その薩英戦争で英海軍の戦艦搭載のアームストロング砲はその射程四キロ、対するに薩州天保山の砲台に備えられた旧式砲は射程が二キロ、その砲台から発砲されるのは当たっても爆発しないただの鉄製丸弾でした。その海戦で港に停泊中の琉球からの山原船のいくつかが海中の藻くずとなって消えました。これもまただいぶ前のことになってしまいましたが私が島津の本拠である鶴丸城を訪れた時、城壁には生々しい英艦よりのアームストロング砲弾の損傷が残っていました。ここで、いつもながら、私は話にまとまりのない脱線をしてしまいます。脱線に脱線を重ねてきた今、今一つの脱線をお許し願いたい……。

薩英戦争の「新」解釈?

それは、その薩英戦争の史的解釈ともすべきものなのです。と言えば、大げさに聞こえますが、さしあたり私なりの勝手な「新」歴史解釈としておきましょう。キャプテン・バジル・ホールの時代以来、英国は常に琉球王国の掛け替えのない「友邦」でした。そして歴史研究が進むにつれてその意義はますます捨て置けぬものとなっています。今しがた述べました「バジル・ホール研究会」の発足などが何よりもそのことを示しています。さて、薩摩と琉球王国との関係について元薩州、今鹿児島県の県人、学者などが余り声を大にしないまま口をつぐんでしまいがちなのが「薩摩の琉球侵攻」です。琉球史に詳しくないウチナーの学生でも、その琉球の民にとっての一大椿事だったこと、そしてそれが「慶長十四（一六〇九）年」とほぼ同義語ぐらいに頭の中にあります。私はあの鶴丸城の傷痕をみて、「ああ、あの事件は何と我が琉球王国の友邦、英国が見事に仇討ちを果たしてくれている！　武備の備えなどない王国のために……」といった奇妙な感慨、いや勝手な感慨を一瞬抱いたことを覚えています。

そのようなことをかつてハワイの沖縄県人会の年配有志の方々の集まりで話したことがありましたが、集まりの場の皆さんの表情は（私の期待していた通り）「へえ……？」に近いものでした。私は今しがた「新」歴史解釈といって「」付きの言葉を使いました。これは私なりの見解ですが、勿論史学、いや歴史解釈学（という分野があるかどうかは分かりませんが……）。とはいえ、歴史学が解釈学そのものであって、そうでなければ、ただ年表に記される事実の陳述、羅列に留まる「記述歴史学」になってしまいます。かつて米国言語学界を風靡した構造言語学が一名「記述言語学」とも言われ、一九五〇年代後半に突如出現した天才中の天才、ノーム・チョムスキーによって、攻撃にさらされ、その一大構造言語学（派）がもろくも学界から消え去り、全く新しい言語理論の時代となって、今なおその伝統が続いている。ここでまた脱線しますが、その天才チョムスキーが、現今の米軍基地の辺野古移転に抗議の声を挙げる全米有志の声の代表者、リーダーとして名乗りをあげている！

私には、雲の上のそのまた上の神様にも等しいチョムスキーが突如我がウチナーンチュの味方となる、といった夢のような話、米国言語学界のリーダーだけに留まらず、政治学の世界でも常にリベラルの旗手として声を大にしてきている存在をよく知っている私は、そのチョムスキーの存在がいま、二〇一六年の時点で沖縄の民の味方として身近な存在となっているというのがまさに夢のようです）といった観点からそのような発言になったという事情もあります。

皆さん、考えても見てください。先ほども申し上げました通り、泊の外人墓地には、辺りを圧するかのような巨大な「ペリー琉球来航記念碑」が立っています。しかし、今やペリー研究、解釈のレベルは、その巨大な碑の建てられた頃とは全く次元の異なった程の進展を遂げています。あの巨大な碑が建てられた時点では、ペリー賞賛の歴史解釈が正しかった、いや一般的だったということなのです。私の申し上げました「わだかまり」はそのような歴史学の進展の結果から生まれたものとしてもいいかも知れません。歴史解釈というものは決して絶対的なもの、「不動なもの」ではない。研究の深化に伴って常に変化する、ダイナミック、流動的な面を備えているということを忘れるべきではないと思います。物理学のような純粋科学はともかく、それ以外の例えば社会学、言語学などにしばしば社会科学とか言語科学という風に〜科学がつけられて呼ばれたりしますのは、そのような分野が常に変化進展するダイナミックな一面を持っているからだと思います。ということなのですが、そのような「新」解釈に対して今なお「へえ……？？」に近い反応があることでしょうし、それも良く分かります。

今一つ、皆さんきっとよくご存知でしょう。波の上の護国寺境内には、これまた、あの「ペリー記念碑」に劣らぬほどの立派な碑が建てられています。たしか「ベッテルハイム居住の地」（に近い）碑文が刻まれていたように思います。戦前の建立になるものが戦後復元されたもののように覚えています。ただ、その立派な記念碑の建てられた頃のベッテルハイム観と現今の例えばジョージ・カーの見解、解釈（時に行き過ぎた面があるとはいえ）とはまた違ったもののように思われます。桜島を抱く鹿児島は錦江湾の沿岸に「琉球侵攻仇討ちの場」といった解釈が許され、巨大な碑が建立される時代が来ないと誰が言えましょう……。脱線が過ぎました。

さて、奈良原県令と談話を交わすうちにも奥から美しい奥方が茶菓子を運んできます。そして、彼女が最近那覇や壺屋で手に入れた珍しい品々をチェンバレンの前に出して歓談に加わるのでした。チェンバレンはその壺屋にも足を運ぶことになります。琉球訪問に先立って、チェンバレンは東京の政府関係者から紹介状の類いを準備してきていました。それを県令に手渡しながら、首里に是非行って、できれば王府伝来の古文書などを調査したいとの意を伝えます。

「そうですか、では」といって県令が電話の受話器を取り上げます。そのころ、やっと那覇・首里間の電話通信ラインが敷かれたばかりでした。電話の相手は西常央《つねのり》首里役所長。西氏はその頃中頭役所長などを兼任し、かたわら琉球関係古文献史料などにも目を通し、今日その存在が知られないとはいえ、専門家の間では西氏の手元にあったと伝えられる『西本おもろさうし』のことなどが話題になったりします。次々に来島する例えば幣原坦《しではらひろし》、笹森儀助、田島利三郎などにも史料紹介などで支援の手を差し伸べています。琉球文学に造詣の深い池宮正治氏によりますと、西氏は結局戸籍を沖縄に移し沖縄で生涯を終えたということです。ひところ沖縄研究に深入りする人たちの事を「沖縄病罹患者」と言う風に、あまり有り難くもない扱いを受けたことがありますが、さしずめ西氏はその初期の罹患者のお一人だったといえそうです。

旧都首里へ～「おもろさうし」の発見

ということで間もなく旧都首里に現れたチェンバレン、早速その西氏のあずかる役所を訪れます。八重山での役所長なども経験しているやや饒舌な西氏、八重山の風習などについて滔々《とうとう》とチェンバレンに語ります。役所長が一息ついたところでチェンバレンは琉球王府関係史料に目を通したいとの来訪の趣意を伝えます。一旦奥に消えたその西氏、すぐまたずっしりと重そうな一群の古史料をかかえてチェンバレンの前に現れます。これがチェンバレンによるおもろさうし発見の契機となろうとはチェンバレン自身、当初思いもよらなかったに違いありません。

ここでその頃までの学究としてのチェンバレンの背景にざっと目を通しておきましょう。東京帝大文科大学に初の博言学科（後の言語学科）が創設され、チェンバレンが初代教授として赴任します。ロンドン時代よりの知己、文部大臣森有礼の進言を帝大学長が受け入れ決定されたと伝えられます。時に一八八六（明治十九）年、チェンバレン三十六歳。チェンバレンの後を継ぐのがドイツ留学を終え帰朝したばかりの上田万年、言語学科二代目の教授です。チェンバレンの薫陶を受けた愛弟子上田の下から橋本進吉、佐々木信綱、我らが伊波普猷、伊波の一期後輩、金田一京助（英語ではここで to name only a few というところ）といった錚々《そうそう》たる学究が世に出ます。

また帝大就任の十年前、チェンバレン三十三歳の時には『古事記』の完全英訳を果たすという前人未到の偉業を果たして、時の国語学界の重鎮を唖然とさせています。それだけではありません。そのまた三年前、チェンバレン三十歳の時には古今、新古今、万葉集よりの秀歌を集めて解説に及んだ『日本上代の詩歌』を世に問うています。当時の目の青い日本語研究者の学習方法といいますのは今日のいわゆる「こんにちは」、「こんばんは」から始める行き方とはかなり様相を異にしていたようで、「まず古典から」というのが「常道」だったようです。

未だ二十三歳というプリンス然とした英人チェンバレンが初めて東京に第一歩を印するのは、江戸からやっと東京という名に変わってからわずかに六年

チェンバレンが健脚を誇る宮古馬に長身を託し、馬方二人に導かれながら、首里へと向かった街道。今日の「坂下（さかしちゃ）」

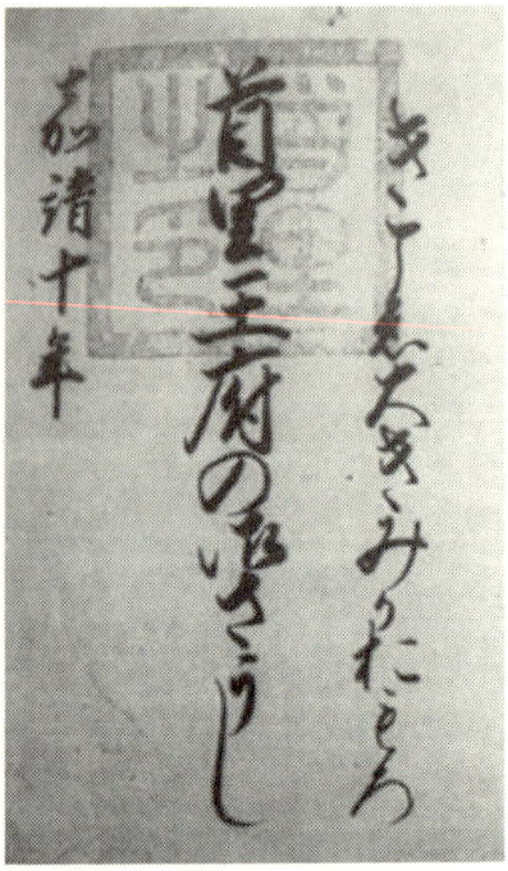

チェンバレンが首里で披見した琉球国聖典『おもろさうし』（鳥越憲三郎『おもろさうし全訳、巻一』より）

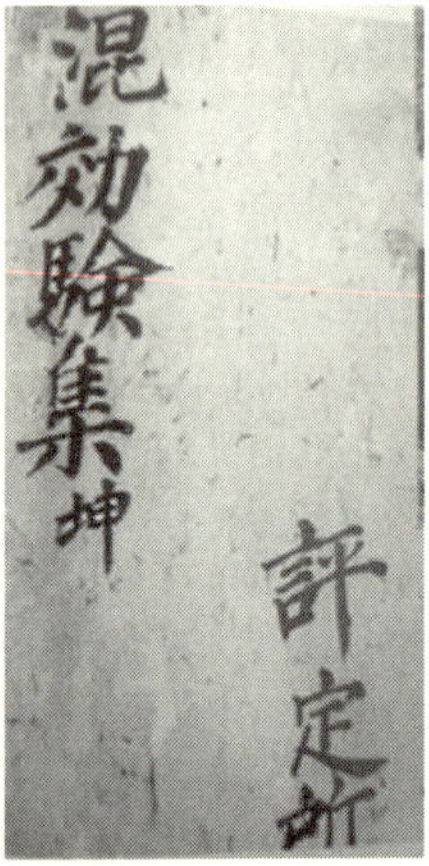

琉球古語集成『混効験集』（山口栄鉄『琉球おもろ学者　鳥越憲三郎』より）

目、辺りには嘉永、安政、万延時代からの江戸の面影が色濃く残っていました。ということで、チェンバレンが初めて日本語の手ほどきにあずかった日本語の先生は腰に二刀を差したお侍さんだったといいます。

　こうして今チェンバレンの眼前に差し出された古琉球の史料類の中に早くもチェンバレンは「きこえ大きみかなしおもろ御さうし」、天啓三年癸亥三月七日、と墨痕鮮やかに記されるひと綴りの文書のあることに気づきます。これが後年『王堂チェンバレン本（いわゆる西本の一部）』として世に知られるようになる貴重な「おもろさうし」の片鱗です。同時にチェンバレンは、これも今日世に『混効験集』として知られる「おもろ語辞書」の存在にも気づいています。このような「おもろ発見史、研究史」についてお話しするにはあと何時間あっても足りません。より深く知りたいとの意気に溢れる諸君には私の『英人日本学者チェンバレン～〈欧文日本学〉より観た再評価』、チェンバレンが首里訪

チェンバレンの旧都訪問時、首里の国道「あやじょう通り」にいぜん、かつての勇姿をとどめていた王城への第一門、中山国門. 扁額に「中山」の文字がみえる)（エール大学図書館蔵）、

問の二年後に発表する『琉球語の文法と辞典～日琉語比較の試み』（山口の完訳和文版）、それから拙著『幻の琉球国聖典』などに当たっていいだだけますよう。

尚家の面々との会見

何でも首里で熱心に古文書などを調べている青い目の学者がいるとのことが首里の尚家の方々にも伝わったのでしょうか。いやもしかすると奈良原県令直々に東京からの来客あり、それなりに「おもてなし」に意を用いるようにとのお達しがあったのかも知れません。チェンバレンはその頃、たまたま琉球での役目を終えて帰日することになっているという丸岡前県令と警察署長へのための送別の宴会に招かれています。その後また三月十一日の晩、那覇の宿で一息ついていますと前琉球王尚泰の第四子で二十一歳になったばかりのお若い尚順王子（松山王子）が接見を希望しているとの連絡がチェンバレンの元に届きます。警官の案内で那覇のとある茶屋に足を運びます。そこには伊江、玉城《たまぐしく》と称する華族の方お二人を従えた尚順王子がお待ちの様子でした。そのときのことをチェンバレンは次のように記しています。

「……日本語でなされた話し合いには格式ばった堅苦しさは何もなく、東京での教育をも受けられた王子は非の打ち所のない日本語の話し手です。王子の傍らに控えておられるお一人も流暢な日本語を話されましたが、今一人の方は数語を口にされるばかりでした。話し合いの多くは一八一六年に私の祖父バジル・ホールがこの地を訪れたことにまつわるものでしたが、それについては現地の記録が依然残存しています」

チェンバレンが旧都首里で会見した琉球国最後の国王尚泰の嫡男、尚典王子（左）、3男、松山王子尚順（ジョージ・カー著，山口栄鉄訳『沖縄：島人（しまんちゅ）の歴史』、金子豊編『松山王子尚順』より）

松山御殿へ

尚順王子からはまた是非とも私邸へもきて欲しいとの有り難いお言葉があり、チェンバレンは首里の龍潭湖、いゆぐむい、沿いの松山御殿へ向かいます。以下は今次大戦直前まで残っていた松山御殿の明治中期の頃の様子を記すチェンバレンの貴重な記録です。

「……その後一両日を経て私はその王子尚順そして侍従の方々の屋敷を訪れました。琉球のそのような邸宅の外観は特に強烈な印象を与えるものでもなく、表門は常に無愛想に閉じられたままです。しかし、ひとたび屋敷内へ入りますと、そこを訪れる者は本土に決して劣らぬほどの礼節溢れる雰囲気の中にいることが分かります。畳や装飾用掛け軸などのある部屋の様子も日本本土のそれを想起せしめるものがあります。みな床《ゆか》に座しますが、これは一層日本的な点です。しかし風変わりな点といえば応接間～それは、この快い気候のもとでは無論外気に開け放しのままになっているのですが～のすぐ外側の中庭に終始いやな鳴き声をあげている闘鶏を入れたカゴが置いてあることでした。本土にみる魅惑的な女中さんの姿はそこにはなく、うやうやしく頭《こうべ》をたれ、茶と何かあやしげな菓子を運んできた男がその代わりをつめます。我々の出入りする際、部屋の隅や衝立《ついたて》の上から覗き込んでいる大勢の子供や男たちの姿に気づいたのですが、女性の影はどこにもありませんでした」

尚典王子に招かる

その頃までにチェンバレンはすでに沖縄県政を与る指導層の面々、そして旧王家の方々とも幾度かにわたる接触、交流を続け、ちょっとした知名士のような立場にありました．首里配属中の日本分遣隊兵士による陸上競技にも招かれて出席しています。その競技会の後はまた前琉球王の長男尚典、中城王子の招きでチェンバレンは県令に警察署長、軍司令官、将校連とともに和風の盛大な祝宴にも顔を出しています。以下はその折りの様子を語るチェンバレンの言葉です。

「……見ると王子はその令弟尚順および主立《おも》った華族のもの二、三人に伴われていました。三十歳ばかりかとお見受けした上品で温厚そのものの容貌をしたその祝宴の主は残念なことに自国の言葉以外には何もお話にならないのでした。我々の琉球語とて同じこと、流暢で不自由なく話せたわけでもなく、実際私どもの幾人かが知っている言葉といえば『別嬪』という意味の『チュラカーギー』一語でした。琉球へ初めてやってくる者の最初に覚える言葉の一つです。せいぜい我々にできることは微笑を投げかけ、おびただしい酒（米で作られる日本酒で、味は弱いシェリー酒にやや近い）の杯で互いに乾杯し合うことぐらいでした。しかし、若い王子尚順その他二、三の方々はすぐさま極めてくだけた態度で歓談をはじめられました

〜」

冊封使歓待様式の宴

そのようなまことに掛け替えのない経験を積みつつあったチェンバレンに、さらにそれ以上のまたとない機会が訪れます。冊封使の来琉時に、その遠い国からの賓客を歓待するときそのままの料理が出るという王国を代表する祝宴に与ることができたのです。間もなく琉球を去ることになっている丸岡完爾前県令に警察署長、幾人かの分遣隊将校、そしてそのような人たちと一緒に本土への旅を共にすることになっているチェンバレンら一同のために送別の意で催されたのでした。「豪華で手の込んだ中華料理が中国語で記された豪勢なメニューと共に十二皿にわたって供された」とチェンバレンは記しています。新国王の即位にあたって着用された華麗な絹の礼服が招待客の前に展示されたり、「実に魅惑的な女性の歌い手による郷土音楽」が披露されたりしました。

はつか正月と遊郭

那覇の宿にもどって一息ついていますと近々那覇の町で何か、にぎやかな祭り、行列と踊りが行われるとのことを耳にします。旧暦三月二十日に那覇を賑わすいわゆる「二十日正月」の情報でした。その日、チェンバレンは服を着替えると早速その様子を自分の目で確かめようと町に出ます。そしてその日の見聞したことを日記に詳しく記しています。次はチェンバレンの綴る文章の一部です。

「……その日は三月八日、たまたま旧暦による正月祭礼最後の日、一月二十日に当たってい た。早起きしてそれを確かめようと急ぎ足で出かけた。人ごみであふれ、家々の屋根には多くの人影がみえ、ある者は墓の上にまで陣取っている……行列の立役者はすべて女性たちで、その内の幾人かは遊郭の主か躾《しつ》け役のかなり年老いた者、ある者はまた少女たちであるが大多数は満面に笑みをたたえ、楽しげなうら若い女性たちである。彼女らには日本本土の女性に見る繊細なか弱さはなく、肉づきがよく健康的である。そして自分たちの艶《あで》やかな衣装と踊り～というよりはその身のこなし～を見物人が喜んでいるのを明らかに自分らも心行くまで楽しんでいるかのようだった……」

そのような行事に啓発されたかどうかは分かりませんが、チェンバレン自身もその遊郭の様子を己れの目で確かめようとそこへ足を運んだ形跡が認められます。チェンバレンは、琉球の遊郭文化をまず次のような文章で始めています。「琉球の男性は退屈すぎるほどの貞淑な家庭から逃れ、より媚《こび》を売ることに慣れた女たちのいる歓楽街へと足を伸ばす……」。そして踊りや話術などの技芸の修得に励む遊女たちの存在がかなりの数にのぼること、彼女らが率直で他に諂《へつら》うことをしないこと。琉球にやってくるほとんどの商人が皆その一人を囲い、商売上の諸々の取り扱い、管理に至るまでその一切を彼女にゆだねる。彼女らはその責任を間違いなく果たし、誤りや誤摩化しがない。そのような善行が虚栄心や利己心のゆえではなく、もって生まれた性向の結果である。

さらに彼女らは、通常書き物、計算のいずれにも疎《うと》いが、それでも縄に結び目を作り自分らの記憶を助け、よって何十、何千におよぶ勘定を誤りなくする等々、と記述しています。チェンバレンはこれらの事柄は沖縄にもゆかりの深い伊地知貞馨（『沖縄志～一名琉球志』、『琉球沿革地理』などの著者）も述べていることだが、その所説は「私自身その場で確かめたことによって一々もっともであることが分かった」と記しています。

ウチナー芝居を観る

すでに何年も前に発表した『上代の詩歌』と題する自著のなかで能の謡いや能狂言を扱っているチェンバレンが那覇滞在という折角の機会に琉球の演劇の様子を確かめたいと望むのはまた当然のことだったに違いありません。そのチェンバレンの那覇滞在が明治二十六（一八九三）年のことですので、彼が観劇したと記録に残しているその劇場とは仲毛端道、後の松田橋際の仲毛演劇場あたりだったのでしょうか。そのときの印象をチェンバレンは「……琉球の芝居はその形こそ洗練されていないものの、筆者が十三年ばかり前に翻訳紹介した能の謡および能狂言と称される中世日本の叙情歌劇と実のいとこ同士の位置を占めるものなのである。芝居小屋の内部構造もしばしば同一の形態を示し、三方を観客用座席で囲まれた方形の舞台がある一方、左側後方には一種の渡り廊下、橋がかりに類するものが化粧室へと続いている。本土の能が貴族の保護を得、またその作品の記してある古い韻文を解するのもまた彼らだけだが、琉球の貧しい兄弟分は逆に下層階級の者に人気を博している」としています。

しばらくして、よりよい機会が訪れました。チェンバレンのいう「……とある一流劇場で琉球の若い王子、それに現地および本土双方からの面々からなる那覇の指導者たちの参加になる観劇会」への参加がそれです。その日、二十もの出し物のあったことが分かりますが、その一つが歌劇「ウヤンマー物語」だったに違いありません。八重山を舞台とする首里からの役人と地元の「現地妻」との間の悲歌劇がその内容となっています。チェンバレンが「……我々外来者（すなわち内地の方と私）が劇の進行について行けるようその内容を和文にした台本の提供に与った」とするその台本を基にしたのがその「ウヤンマー物語」でしょう。チェンバレンはその解説と台本を来琉二年後に発表する『琉球語の文法と辞典』に収録しています。その文法書の中の辞典の部を除いた私の編訳書『チェンバレン日琉語比較文典』、そして今挙げました

『琉球語の文法と辞典』というチェンバレン原著完訳版でその「ウヤンマー」を紹介しておきました。

平民、農民との接触、その習俗～馬上のチェンバレン

首里のユカッチュ連や那覇のヤマトウンチュとの交流だけに飽き足らないチェンバレンは、琉球の民、特に平民、農民一般の生活の様子も知らねばと首里や那覇を離れ、南部の農村地帯へと出かけます。タクシーやバスのない時代、チェンバレンの交通手段となったのが馬でした。馬方二人を雇っての南部琉球散策でした。昔から異人さんらがきまって驚きの目を向け、またその姿を絵図にして紹介しているのが琉球独特の巨大なハーカ（墓）で、チェンバレンもまた例に漏れずその様子を詳細に紹介しています。馬から降り、墓地に近づいてその寸法を計ってロンドンの読者に紹介しています。時には墓地に向かって田舎道を往く葬式の行列にもぶつかって、ワーワーと大声で泣き立てる「泣き女《め》」の様子さえその目で確かめています。

那覇に帰ってからはすぐに壺屋へ向かいます。チェンバレンはそこで一番大きくて最も高価なジーシガーミ（厨子甕）と平民用の、より一般的なものをそれぞれ何個か購入しています。その価格までチェンバレンはイギリスの学会において報告しています。その厨子甕がチェンバレンのその時を経る百二十一年後の今、この世界に残っていることを皆さんご存知でしょうか。

チェンバレンはその琉球厨子甕をイギリスのオックスフォード大学内のピットリバース博物館に寄贈しています。船で送ったりするのに大変な手間がかかったことでしょう。厨子甕と関連する「洗骨」や祖先崇拝の　詳細にも及んでいます。

チェンバレンが特に興味を持ったのが、その頃の琉球における婚姻の「奇習」です。婚姻の祝宴が始まり、式が済むとその後花嫁は実家に帰宅、その後また同じような祝宴がさらに二日も続く。花嫁はまた実家へと舞い戻り、さらに三日も実家籠りと相成ります。その間、花婿はといえば友人何人かによって遊郭へと連れて行かれ、新妻との合流前の前祝いとなります。男性側にとっては「結婚生活を始めるにあたって、妻の束縛から彼自身の独立を証せんとの意義があり」、花嫁側に取っては「女性のあらゆる悪徳の中でも最も忌むべき嫉妬心など全く与り知らないことを誇示する機会ともなる」とのことらしい。このような形で始められた婚姻は妻があらゆる面で夫に従順であるゆえ、「ほとんど円満なものとなり、その後仮りにも夫が他界すれば妻はまず例外なく死ぬまで一人、逆に男やもめともなれば今一度再婚し自らの安泰を求めることが許される」！

琉球国の進むべき道～チェンバレンの見解

さてチェンバレンの那覇、首里訪問を遡ることわずかに二十年前、一八七二年から一八七九年にかけての王国の大動乱期の様相、その詳細をチェンバレンは当時の東京で逐一報じられる例えば欧字新聞 Weekly Japan や Japan Mail、国外ではまたロンドン・タイムス紙上を賑わす「琉球王国の帰属問題」の報道などで知り尽くしていました。一方その頃の東京では、それが国際問題化することを極力恐れる維新政府は次々と新聞条例を発布して国内メディアの情報を抑えるのに懸命になっていました。ですから当時、琉球国を巡って揺れ動く問題の実相については、ある意味では日本国内の人たちより青い目の在日、在欧日本研究者、識者の方がより詳しい情報に接していたともいえます。

当時苦悩する維新政府の裏方として暗躍する幾人かの「青い目の影武者」のいたことをご存知でしょうか。彼らは維新政府の手厚い保護を得て政府上層部にその執るべき施策、進むべき方向についてアドバイスしていました。表向きロンドン・タイムスの駐日記者として日本政府のご意見番の役を果たしていた英人フランシス（フランク）・ブリンクリーがその一人、また政府の「お抱え弁護士」として暗躍、いや時には堂々と動き回っていた仏人ボアソナードなど（……to name only a few）があります。後者はこれから維新政府が琉球国併合に手をつけんとするにあたって大久保利通がその進むべき手段、手続きについて助言を仰いでいる政府代表の「最大の仕掛人」。前者は日本人の妻を娶り、一度も故郷アイルランドに帰ることなく日本で骨を埋めているほどの親日派。後年日本人学者が華々しく展開する「琉球処分論議」のパイオニア。

後の時代の日本人学者と彼ら、目の青い影武者、との一番大きな違いは、彼らが問題の渦中にあって逐一その流れ、進展、展開をその目で確かめていることです。チェンバレンは例えば先輩（年齢的、大英帝国人としての先輩という意味で、「影武者としての先輩」という意味ではありません！）に当たるブリンクリーの手になる長文の英文論考「琉球問題」の詳細にも通じていました（ブリンクリーの長文の論説については私の『琉球王国の崩壊～大動乱期の日中外交戦』を参照いただきたい）。

ですからここで偉大な学究、日本学者としてのチェンバレンの「琉球国帰属問題」についての見解を知ることは私どもウチナーンチュにとってはとてつもなく意味のあることでしょう。まずチェンバレンは「……特に政治学に詳しいわけでもありませんが」と断りながら、次のように述べています。

「……あらゆる条件を考慮し、特に善良で遠慮がちな島の人々の気質に思いを致しますと、いずれが併合した側で、いずれが併合された側であるかという明確な区別を忘れ去るのには数世代もあれば十分でしょう。私の目からすれば、そのような結果を最も望ましいものに思います。……国民性というものは共通の過去を有すること、そして共通の未来を希求することにあります。それゆえに、琉球が日本帝国の不可分にして、その幸せな一部になることを確かめたいと望みますのは、民族的言語的な同族関係などといった一方的な議論をその拠り所としているのではありません、そのように望むのは、琉球の人々が今やそのように身を処することがより好都合であると認識し始めている事実に基づくものであって、それ以外の何ものでもありません」

といった次第でチェンバレンは私見を長々と開陳しています。その詳細については以下Ⅱの「琉球国併合」や「私見〜琉球の進むべき道」を参照していただきたいと思いますが、私はまた私なりに「……とはいえ、チェンバレンの頃より何世代かを経過した現今のウチナーンチュが、果たしてヤマトウンチュと共通の過去を有し、また共通の未来をこいねがっているかと問われれば、その答えは必ずしも一様ではないのでは」といったような「私見」を開陳したことがあります（『那覇文藝　あやもどろ』二十号、二〇一四年）。

ここからは、皆さんがそれぞれご自分の考えのもとにウヤヌチャー、ドウシグワーターと議論を戦わせるのが一番。歴史上の意義、真相の理解に最良の場となることでしょう。ただ、ここで一言申し上げておきたいこと、それは次のようなことです。そのような議論を続ければ続けるほど、ウチナー問題がそれほど生易しいものではなく、それどころか、それこそ史上「未決の一大問題」だと言うことにも、もやもやっとした感じででも何となく気づいてくるに違いない。でもだからといって、一部の識者の間に見られる（今、「勇み足」と言いかけて引っ込めましたが）、「だから、昔に戻ってどうにかしなければ、いやどうにかしよう」といった心情に駆られて走ろう、立ち上がろうということでもない。それと「真の歴史の理解に努めよう」ということとは次元が違います。

琉球の民はチェンバレンの「祈るような気持」に応えたのだろうか?

さて、長々と続けて参りました「チェンバレン論議」にもそろそろ結論のようなものを申し上げなければ……。ここで皆さん、冒頭に申し上げました「チェンバレンの祈るような気持ち」を思い出していただきたい。まず、チェンバレンの訪琉を遡《さかのぼ》ることわずか七年前、一八八六(明治十九)年に、かのキャプテン・バジル・ホールの琉球島航海記を読んで感銘を受け、そこに記されような「理想郷」が今時あるのだろうか、「まさか、しかし琉球島よ、その民よ、どうか私どもの期待を裏切らないでくれ」と祈るような気持ちで那覇の港に降り立った英人一行がありました。イギリスの富豪ギルマード医博の率いるマーチェサ号搭乗一行の那覇来航でした。

そのときの様子を私は旧著『外国人来琉球記』に次のように記しました。「……識名園への散策ではそこの景観を愛《め》で、蛇皮に覆われる特異な楽器に目を見張るギルマードが何よりも知りたかったのは、しかし、次のようなことでした。かつてプロビデンス号上のブロートン艦長やそれに続くバジル・ホール、その他幾多の訪問者らが賛辞を送ってやまなかった『高徳の精神にあふれる島人たち』の存在がどれほど真実なのだろうということでした。仮にそのような夢の国、理想郷がかつて地上に存したのならば、文明のもたらす悪徳に疲れた人たちにとって何にも代え難い心のオアシスが、いささかなりとも汚《けが》されていることに心を打ちひしがれぬ者はないでしょう。そのような感慨を抱きながら琉球の地にやってきたギルマード医博は、その自分の感慨が全くの杞憂《きゆう》に過ぎなかったことを驚喜せんばかりの口調で語っています」。次はそのギルマード自身の言葉です。

「……我々は大いに胸をはずませながら琉球島への訪問を待ち望んだのだった。キャプテン・バジル・ホールの有名な航海記中にみるこれらの島々に関する記述があれほど人々を惹き付けてやまないので、それを一読した者は誰もがその純朴そのものの島民〜おとなしくて平和を愛し、鉄砲や貿易商人のラム酒その他のいわゆる文明の利器の存在を全く知らない人たち、そして悪を憎み徳を好むという生来の美徳を備えたかに思われる人たち〜に接したいものと望むに違いない。全てが知り尽くされ、未知のもののない現今の世界にあっては、今どき海の男たちを誘《いざな》う『蓬萊国』や『地上の楽園』のあろうはずがなく、かりにもその地上の楽園に近い存在の国があるとすれば、それは極めて稀有なことせねばならないだろう。ホールの描く琉球島とその人々は、くしくもその理想郷に近い存在にあるもののように思われるのであって、我々はその後、四分の三世紀を経る間の世の移り変わりが『守礼の民』と自称してやまない人々の多くの美徳をどれほど蝕《むしば》むこととしているのかを知りたいとの好奇心に駆られていたのだった。琉球は、しかし、決して我々の夢を奪うものではなかったのである」

琉球島を散策しつつ、島の文化と人々の様子に直接触れながらの見聞が、またその先輩、先人らのそれと同じくチェンバレンの「祈るような気持ち」に十分答えるものだったこと、それは「Ⅱチェンバレンの琉球・沖縄見聞録」を精読される皆さんにも十二分に伝わるに違いありません。私は『王堂チェンバレン～その琉球研究の記録』と題する早い頃の書の冒頭に次のようなチェンバレンの言葉を掲げました。本日のお話の結論として、今一度以下にそれを記しておきたいと思います。そのような勝れた学究、先人の友を有する私たちはとてつもなく幸せだと思います。

琉球の人々の最も顕著な民族的特異性は、身体的なものではなく、道徳面でのそれである。それは彼らの善良な気だてと上品な物腰、控えめで従順なその気質、客に手厚く、親切であること、そして暴力や犯罪に対してはそれを潔《いさぎよ》しとしないことである。

バジル・ホール・チェンバレン、一八九五年

II

チェンバレンの琉球・沖縄見聞録

以下は筆者の早い頃の編訳書『王堂チェンバレン～その琉球研究の記録』に収録した「琉球～その島と人々」を今回改めて若い人たちにも読みやすいように書き直したものです。明治期の日本・琉球研究者として名声を博していました英人チェンバレンの手になります琉球見聞録の英文原著和文完訳版で、その原著出典は以下の通りです。**The Luchu Islands and their Inhabitants,** ***Geographical Journal,*** **V, 1895.** チェンバレンの琉球研究の奥深さを今一度読者の皆様と分かち合える機会ともなりますよう。

はじめに

太平洋の一角に琉球と称せられる島、あるいは島の一群の存することは知識人多くの承知するところでしょう。より年配の諸氏であればまた今世紀（一九世紀：訳者注）初頭、英国の一探検隊がこの海域へ派遣されたということに関し、あるいは何か耳にした記憶を有することでしょう。ただ、世界周遊者の容易に到達し得るところでもなく、石炭や良港などといった軍艦の誘因となるようなものにも欠けるところであり、ヨーロッパ人でこの地を訪れる者はほとんどいません。そして、おそらく今日、この地ほど勝れた文化を有し、なおかつほとんど知られていない地域というのも世界中で他に例がないでしょう。

実際、琉球が旅行者のみならず、著述家たちの全く目にとまらぬ所に位するため、『朝鮮西部沿岸及び大琉球島航海探検記』と題して一八一八年にマレー社より刊行をみたバジル・ホールの著書は、その後四分の三世紀を経る今日、この分野における権威としての地位には依然変わりがありません。昨春、私自身かの地を訪れた際、全列島中ヨーロッパ人といえばフランスのカトリック宣教師アベ・フェリエ氏ただ一人でした。しかし、氏は北方の大島に居を有するのであって、そこは厳密には琉球の一部ではないわけです。そして時折り琉球や大島に足を運ぶ者といえば、横浜で草花を取り扱っているボーマー商会のアンガー氏ぐらいのものなのです。

私の場合はといえば、遺憾ながら先島諸島へは訪れる機会がありませんでしたが、この温暖な地域を旅するのに時期的にすこぶる好都合であったこと、さらに日本外務省より携えた紹介状のお陰で役所のあらゆる資料を自由に利用することができたことなどのために、大琉球島の人々とその風土に触れるには全く申し分のないものでした。

一方、この不思議な訪問者が宣教師でもなければ商人でもない、しかも日本語を話す～日本語は、彼らにはいわゆるフランス語に相当するもの～ということを知った琉球の身分ある人たちの厚遇というものは、また何にも勝るものでした。これらの事情は私のやや仔細にわたる見聞録の実質をおそらく正当なものとしてくれることでしょう。また、例えば婚姻の風習や二種類の象形文字といった以下に掲げる多くの事項は従来ヨーロッパの読者諸氏のためには発表報告されたことのないものです。琉球が単なる未開の島々ではなく、それどころか複雑な文化と波乱万丈、悠遠の歴史を有し、さらに極東言語学に光明を投じ得る言語を有するものであることを示し得たとすれば、本稿はその目的を達したことになりましょう。実際、地図の上では微細な一点に過ぎないこれらの島々が、ひとたび正しい研究がなされるや、それはまさに興味の尽きぬものとなり、もはや一点に留まることを知らないでしょう。それはあたかも自然科学者の顕微鏡に写し出された一点の水滴、または微生物のようなものなのです。

私は特に次の諸氏に謝意を申し上げねばなりません。奈良原琉球列島知事、前警察所長の竹下氏、西首里役所長、幾年も先島諸島の科学的調査に献身されている勝れた植物学者の田代氏、日本本土よりの移住者である石垣在住の田村氏、それに写真数枚を快く提供いただいたアンガー氏、横浜在の弁護士リッチフィールド氏よりは故プライヤー氏による琉球訪問記の草稿を手にすることができましたが、それはあまりにも断片的なものに過ぎ、十分利用に耐えるものではなく、プライヤー氏の専門とされる鱗翅類については、氏の得た標本が満足のいくものではないといった文章が見える以外にはほとんど見るべきものを含んでいないのは残念です。

地理と風土

琉球という語を広義に解すると、それは日本本土の南端より遥か台湾北東部近くに至る間に伸びる列島の総称です。狭義に解しますと、中央部に位する島、すなわち大琉球島だけを指すか、またはそれに隣接する島々をも含めたものを意味します。同時に列島中の他の島嶼グループには別個の名称が当てられます。第Ⅲ項にみるように、近時消滅した琉球王国の範囲とか、これらのある島々に対する日本側の覇権主張の内容、実質が時代によってかなり異なることが分かり、その実相を歴史的に考察しますと、その用語の曖昧さがある程度説明できることでしょう。さらにその混乱の原因としては、ヨーロッパの航海者たちによくみられることですが、特定の島や列島群に命名したり、変更したりすることがかなり自由勝手に行われてきたこと、そして彼ら自身うろ覚えの地名と己れの用語との間に混乱をきたしていることなどがあります。

一方、古代史に範を求めるとしますと、いわゆる琉球列島なるものは、日本南端の鹿児島湾口に始まるとしなければなりません。あるいは今日、日本政府によって用いられている意味合いに従うものとすべきでしょうか。だとすると、列島の北半を除くものとしなければならないでしょう。なぜなら、この部分は幾世紀にも前に日本本土に統合されているのであって、結局、残るは大琉球島と先島だけだということになります。この問題は全く恣意的《しいてき》なもので、決して満足すべき回答が得られるとは思えません。というのは、誰もがそれぞれ自分なりに最も適当だと思われる定義に従っているからです。今ひとつの問題点は、どの島々の名称を列記し、どれを取るに足らないものとして無視するかということです。「三十六島」というのが伝統的に日琉双方の人たちの挙げる数字で、かりにそれが全列島を含むものとしますと、それは、事実とかなりの一致を示すものではあります。しかし、列島の北半を除くとすれば、幾つかの極めて小さな島々をもリストに加えることとなって、従来の伝統的な数字はある程度改変しなければならなくなるでしょう。本稿の目的には「琉球」という呼称を広義に解し、日本本土の地理学者間に広く行われる下位区分をも採用することによって、結局総計三十六の主要な島々を得ることになります。そして、それらは、次に列挙するように六つのグループに分類することができるでしょう。

北東諸島

日本の大隅《おおすみ》に属すると考えられているもので、次を含みます。

1．種子島　全三十二マイル、幅五マイルほどの細長い形状を呈し、比較的低地となっていて（標高一二〇〇フィート）、米その他の穀物の耕作がすばらしく行き届いている。この地はヨーロッパ人がはじめて日本国土へ足跡を印したところとして歴史に記録されている。一五四三年にポルトガルの探検家メンデス・ピントが上陸し、その所有する鉄砲が土地の人たちを驚かせ、そのために日本語では今でも時として銃のことを「種子島」と称する。

2．馬毛島　幾匹かの牛の飼育に利用されている単なる小島。漁師の往来が見られる。

3．屋久島　直径五マイルの円形を呈した島。日本杉の一種で材質として最も珍重される、かの屋久杉を産する豊かな森林で覆われる。この立派な島を形成する山々は六〇〇〇フィートにも達し、南日本のどの山をも凌ぐもの。本来火山性のものなのか、近くの日本本土の山々同様、まだ確認されていない。約八〇〇〇人の住民は、牧歌的な素朴さで知られる。この平和な地では、盗難が知られず、錠やかんぬきをまず必要とせず、ある者が服を木に掛けたままにしていても、他日そこを通りかかる際には、間違いなく誰の手にも触れぬままであるという。

4. 口之永良部島　縦六マイル、幅五マイル、標高二二〇〇フィート以上の活火山。

北西諸島

薩摩の一部とみられるこの島嶼は、次の三つの小島よりなる。

5. 竹島　標高七四〇フィート。

6. 硫黄島*1　海上二三〇〇フィート以上に屹立し、黄色、茶褐色を呈する島。荒涼たる島ではあるが、島名にみる硫黄は貴重な収入源。

7. 黒島　全長三マイル、幅二マイル半、標高二〇〇〇フィート以上。

七　島*2

ほとんどが高い島で、小島。ある島は活火山。最悪の自然条件下にあるにもかかわらず、幾組かの貧しい家族が細々と生活を営んでいる。このグループも前項同様、実用的な価値に乏しい島々ばかりである。主として注意すべきは、この海域が航行上の要所となっていることだろう。島名は次の通り。

8. 口之島*3 標高二三三〇フィート。
9. 臥蛇島または蛇島 一六八七フィート。
10. 中之島 三四〇〇フィート
11. 平島 八一二フィート
12. 諏訪之瀬島 標高二七〇六フィートの活火山。
13. 悪石島 一九七八フィート
14. 宝島 八六〇フィート
15. 横当島 一七〇〇フィート

大島群島

本来、琉球王の支配下にあったが、一六一〇（一六〇九～訳者注）年に薩州島津に制服され、その領土の一部となったもので、現在は鹿児島県の管轄下。この群島はかつて小琉球とも称され、次の島々よりなる。

16. 大島*4 より正確には奄美大島*5。これは全列島中二番目に大きな島で全長三〇マイル、幅は最も広い西南端部は一七マイルを有する。丘陵に富み南に二〇〇〇フィート以上をもって臨む。しかし、いずれも火山ではなく大島は全く地震のないところだといわれる。島は黒潮、すなわち日本海流上に位し、極端な多湿性気候となっている。全く降雨を見ぬ日が数日続くことがあるにはある。しかし、実際に雨は降らなくともたいていは雲や霧が日差しを覆う。このような緯度、二八度二十分、にありヨーロッパ人にはまさしく悲惨なものともすべきこの地の状況は、あたかも温室がそうである如く豊かな植物の成長を促し、なかでもソテツやシダ類が人目を奪うようだ。同様に多くの下等動物、特にかの恐るべきハブの繁殖を助ける。これについては後段改めて触れることとなろう。大島の主要港名瀬は北西部に位する。そこは日本風のたたずまいをみせ、活気のない小ぢんまりとした所で、一軒ある旅館が自慢である。本質的には琉球語の性格を有する土地の言語はこれまで薩摩方言に圧倒され、話者が町の者であるか地方出であるかによって混成と消滅への様々な過程を顕示している一種の俚言となっている。人口五一〇〇〇。

17．加計呂麻島＊6　これは全長ほぼ十二マイルの極めて細長い島で、いわば大島の南沿岸と継ぎ合わされた形になっていて、英国航海士たちの間で **Oo-shima Strait** または **Porpoise Strait** という呼称で知られる狭隘な水路が両島を分つ。この島はいくつかの小規模な輸出港を誇り、その沿岸はまた琉球からの漁師たちの訪れが多い。その南には次に見るような小島ながら高い島々が横たわっている。

18．与路島　一〇〇〇フィート。

19. 請島　一三五三フィート

20. 喜界島　全長約七マイル、幅二マイル半、標高八六四フィート。ほとんど木という木がなく、一五〇〇を数える住民は燃料に牛馬の汚物を利用することを余儀なくされている。この地はまた全列島中最上質の砂糖及び畳表（琉球表として知られる）を産することで知られる。広く言い伝えられるところによると、その昔この地が鬼の住処であったとされており、それゆえ文字通り「鬼の世界」を意味する「鬼界」なる呼称が存するとのことである。

21. 徳之島*6　全長二五マイル、幅九マイル、標高二二〇〇フィート。この島と次に挙げる二つの島はいずれも森林に富み、かなりの砂糖を産する。

22. 沖永良部島*7　全長九マイル半、幅二～五マイル、標高六八七フィート。

23. 与論島　直径約三マイルの円形状を呈し、標高四〇〇フィート以上。

北東諸島所属の島々が大隅の一部をなし、北西諸島が薩摩の一部であることはすでに触れた通り。古来存続するこれらの地域は、現在行政上の目的から鹿児島一県のもとに統合されており、さらにそれは大島群島の諸島をも含むものとなっています。今以下に挙げんとする中央及び南部諸島、すなわち琉球及び先島は沖縄県と称する別個の県に編入されています。

中央諸島または琉球

その主要な島がすなわち

24．沖縄または大琉球　全列島中最大にしてかつ最も重要な島となっている大琉球島は全長五六マイルに二～一四マイルの幅を有する。この島は古来国頭《くんちゃん》、中頭《なかがみ》、島尻《しまじり》と称される三つの地域に分割されている。このうち、はじめの最北端に位する国頭はまた広く山原《やんばる》という呼称でも知られ、地形が険しく山岳に富み標高およそ一五〇〇フィートをもって臨む。森林がそこを覆うかと思えばまた不毛の地もある。まばらではあるが全地域にわたって人々が定着し、この地方の人たちはその貧困さや荒っぽい言葉遣い、あるいはその振る舞いなどのために中央部、南部の人たちからは侮蔑の目でみられるところとなっている。中頭および島尻の各地域は中央部に低い丘陵を有する開けた土地となっており、素晴らしく耕作が行き届き、人口が密集している。この地域には河川が多いが、他の島々におけると同様いずれも短く、最も長いものでもせいぜい六マイルほどに過ぎない。那覇より一〇マイルの地、普天間には奇妙な鍾乳洞が存する。大琉球のそれらの三地域は、それぞれ間切《まじ》りと称される地域に細分され、国頭に九、中頭に十一、そして島尻に十五のそれが存し、文化的に最も開けた中央部、南部が荒れた北方の山岳地帯よりも一層の細分化がなされている。間切りに区分するやり方は以前琉球王直属の島々ではどこでも見られた。間切りという語は現在日本本土では知られないが、古くは薩摩において用いられたといわれる。大琉球島で最良の港といえば北東岸に位する運天（英国海図にみる Port Melville）であるが、人口と貿易の中心地から遠く隔絶された山岳地帯にあるために、そこはいわば無用の長物ともなっている。そのため、日本本土の汽船や帆船のほとんどは島の南端に近い島尻にある那覇 Nafa（または Naha あるいはまた時折り本土の者が発音する如く Naba）に集中する。しかし、そこは満潮時にかぎり港内の使用が許されるのであって、かなり劣るものとなっている。那覇近郊にあって事実上その一部をなしている町が泊《とまり》および久米村《くめむら》である。首都首里 Shuri（語中の r 音を習慣的に脱落せしめる現在の琉球人には Sui と呼ばれる）は、那覇より三マイル余の地にあって高さ四〇〇フィートばかりの丘陵に位する。琉球列島中、他のどのどこをもってしても首里、那覇の規模に及ぶところはなく、また那覇が日本国の行政管轄の根拠地であり、人々の様子、振る舞いが概して日本化されている一方、首里はまったくいにしえの世を今に留めるというように、この二つは著しい対称を示すものとなっている。首里城は古き時代を彷彿せしめる景観を留めている。この中央諸島に属する他の島々は久米島を除けばいずれも小島であり、重要性に欠けるもののみで、それらは次にみる通りである。

25. 鳥島*8　火山性の島で円錐状を呈し、標高ほぼ五四〇フィート。依然活動中で、火山として　は琉球列島中最南端に位する。

26. 伊平屋島　全長七マイルに幅約二マイル。標高九六三フィート。

27. 伊是名島　標高四〇三フィートの単なる小島。英国海軍筋では 26、27を Montgomery

Group の名称のもとにまとめている。
28. 伊江島　全長四マイル半、幅一・七五マイル。標高五七五フィート。
29. 粟国島　全長三マイル、幅二マイル、標高三〇〇フィート。
30. 渡名喜島　標高六〇三フィートの単なる小島。
31. 慶良間島　一群島をなし、東に位する小さな離れ島は前島および黒島と称される。那覇や広く琉球の西南部から海上を臨むと前島の白い断崖は著しい光景を見せてくれる。中央部の大きな島は渡嘉敷島と呼ばれ、一方、西側の島々は一括して西慶良間という呼称で知られ、それぞれ座間味島、屋嘉比島、阿嘉島、久場島、慶留間島などからなる。英海軍海図では屋嘉比島を Yakang 久場島を Kupa と記し、慶留間には全く名称を与えていない。南に位する慶留間と北の阿嘉の間にある島は日本語による名称にも欠けるようであり、これら三個の島は不思議にも二個だけのように考えられているようだ。「東シナ海海図」はこの三つの島を広く阿嘉島なる名称の下に含めている。座間味島にある阿護の浦は慶良間群島の主要村であり、船舶の投錨地でもある。
32. 久米島　全長約六マイル、幅は最も広い所で同じく六マイルで、南に標高一〇二八フィート、北に一一〇八フィートの尖峯二個を有する。そこには海上から臨むことのできる立派な滝が存する。遠く離れて位し、しかも多くの人口を有するこの小島は琉球絣によって列島中最も知られているものの一つであり、この絹織物は日本本土へも輸出され、かの地で大いに珍重される。かなぐすく浜と呼ばれる主要村は南西沿岸に位する。

先島群島

英国海軍省海図では **Meiaco-sima**（宮古島）あるいは **Yayeyama**（八重山）群島として命名しているが、これらの呼称はいずれも誤りである。というのは、宮古島という場合には実際には先島群島中東端に位する主島＊9 およびそれに付属する島々を独立に指し示すものであり、一方、八重山なる呼称は西に位する石垣島および西表島という二つの大きな島に周辺の島々を含めたものの総称だからである。与那国島 **Kumi** ＊10は別個に扱われる。なお、海図にみる **Taipin-san, Pa-chung-san** そして **Ku-kien-san** のような呼称はこれらの各島に対する中国名である。先島群島は次に列挙する通り。

33. 宮古島　全長一七マイル、幅五マイル半。この島は隣接する島々とともに比較的低地ばかりの地勢で三〇〇フィートを超える所は見当たらない。島々は樹木に乏しいが人口は極めて多い。しばしば飲料水にも不自由をきたし、潮の干満にしたがい貯水溝の水量が増減する。周辺の島々は、それぞれ大神島、池間島、伊良部島、下地島、来間島といった名称を有し、さらにやや西へいくと水納島、そして多良間島がある。すぐ気づくことであるが、これらの島々の場合になると英国海図の名称にはことのほか誤まりが多い。その海図は下地島には何ら名称を与えず、それを伊良部島と同一視し、この双生児のような形状をなす二つの島の間にある狭隘な水路を無視しているために実際上二つの島であるのをあたかも一島のように示していることが分かる。逆に一八八八年以降使用されている日本海軍省海図は、その点極めて精密になされている。また宮古島は今を去る一世紀もの昔、艦長ブロートン率いるプロビデンス号が島の北方に大きく伸びる八重干瀬 Providence Reef 上で遭難し、そのため英国人乗組員が琉球と接触を保った最初の地点でもある。一八七三年にもドイツ船ロバートソン号が宮古沖で難破しているが、ドイツ船員たちは島の人々によって救出され、引き続きほとんど一ヶ月もの間その厚遇に浴したのであって、ドイツ皇帝ウィリアムの命によりその地点に建立された記念碑は、その住民の厚遇を記念するためのものである。主村の名は狩俣みなと。

34．石垣島　すでに述べた如く、この島と次の西表島は一括して八重山なる呼称で知られる。極めて不規則な形を有する石垣は直径六ないし七マイルの中央部に二つの細長い半島～一つは北東にのびる長さ十一マイルのそれと今ひとつは西に四マイルの長さで伸びる～が付着した形として説明し得よう。丘陵と山岳に富み、そのうち最も高いのは標高一六八〇フィートにおよぶ。主村は同じく石垣と呼ばれ、島の南西岸に位する。比較的平地となっている島の南部は全体的に砂糖、藍、その他穀物の耕作が行き届いている。

35．西表島　全長十五マイル半に幅十二マイル。山岳に富み、所によっては沿岸近くで標高一〇〇〇から一三〇〇フィートに及ぶ。さらにその大部分がうっそうたる密林で覆われ島の内部はいまだ十分開拓されていない。祖納と称するのがその主なる村であるが、西表は周辺の島々に比し人口が希薄である。そのことは立て続けに降る豪雨と終始気温の激変をみるこの憎むべき気候、そして流れの悪い河川、沼地の腐敗した木々は琉球の人々がフーチと呼ぶ恐るべきマラリヤを生んでいることなどにその因を求め得よう。そのようなことから山の奥深くには畏怖の念が向けられるのも十分うなずけることであって、そこで一夜を明かした者でその病魔を逃れ得た者はまずなかろう。石炭業はその拙劣な品質にもかかわらず日本本土の者の手中にあって有望な産業として一時は香港へも輸出されていた。が、鉱山で働く者の間におびただしい死亡者をだし、その結果事実上廃棄せざるを得ない状況に至っている。困難を極める島の状態はまた、村と村との連絡を主として島伝いにいく船に頼らざるを得ぬこととしているが、それでも馬は終始利用されているようである。数多くのイノシシの生息を許し、ハト、野鳥、豚などについても同様である。その上、米をはじめ各種の魚類が豊富で先島諸島における食物は大琉球島のそれよりはましである。八重山に属する島々には石垣島、西表島などの大きな島のほかに竹富島、小浜島、黒島、上離島または単に上島、下離島または下島、琉球列島中最南端に位する波照間、そして鳩間島などがある。いずれもそれほど高い島ではない。どの島にも住民の定着が知られる。

36・与那国島　琉球全列島中、最西端に孤立する島で、全長六マイル、幅二マイル、標高七〇〇フィート。かなりの人口を有し、中心となっている村は祖納と称される（西表にある村名と同音）。この島はビャクダン、クワ、カキの木、そのほか種々の貴重な木材を産する。快晴の宵などには時折りこの地より台湾沿岸の灯りを臨むことができるとのことである。しかし、おそらくは沖の灯り、すなわち向う岸を遠く離れてこちらへやってきている漁船の灯りのことをそういう風に言ったものに過ぎないのであろう。先島にはどれ一つとして特にみるべき港を有する島がない。

明治中期の人口構成＊11

以上がごく広範囲に見た琉球列島の鳥瞰図です。次に一八九一年一二月三一日に施行された各島における国勢調査の結果を挙げましょう（データは削除、訳者）。

地　勢

列島内における島々の地勢については、すでに触れた如くその多くが本来火山性のもので、事実そのうちのあるものは依然噴煙を吐き、硫黄を噴出している活火山となっています。これらは南日本を走る九州火山脈の末端に位するものと考えていいでしょう。種子島は本来火山性のものではなく、屋久島もまたそうではありません。大島の地質を調査した賀田貞一氏によりますと、その地は主として変成岩によって形成されていて、大島以南の島々には時として火山系の島がみられるとのことです。大琉球島およびその属島には、変成岩とともに沿岸いたるところに珊瑚礁、珊瑚石灰岩がみられ、全く異種の地勢を顕示するものとなっています。運天近郊においては大理石が産出されます。南西先島群へ目を向けるとさらに様相を異にし、沿岸一帯を占める珊瑚礁は内陸にいくにしたがい花崗岩および未だ確認のなされていない岩石へと変化しているのですが、ただそのあるものが火山性のものに由来することだけは判明しています。これもすでに記したように西表島には石炭がみられますが、北の島々においては全くその存在が知られません。珊瑚礁が先島を取り巻き、特に宮古北方および石垣および西表間においてはかなり広範囲にわたっており、この海域への航行をこの上もなく危険なものにしています。

動物相

さて、列島内における動物の生息状態に目を向けるに、馬、牛、豚、羊、犬および猫は家畜の状態で至る所にみることができ、主要な島々においては小型のイノシシ、野生のシカなどがみられます。牛もまた小型で、特に馬の場合~むしろ子馬と称するべきもの~そのことが顕著です。ほとんどの馬が四十二吋から四十四吋の高さしかなく、時には四十吋ほどのものさえ見られるのですが、彼らはまさに屈強そのもので、並外れた健脚を誇ります。二種のネズミが存し、一つはいわゆる家ネズミ、他の一つはジャコウの強臭を有するものです。またこの島々特有のものとの確認がなされている大コウモリを含む二、三種のコウモリが存します*12。琉球には哺乳動物ののなかでも猿の存在をみないのが顕著です。そのことは、本土におけるその分布が広範にわたり、特に何ヶ月も雪と氷に覆われる北の果てまでそれがみられるために、ことのほか注目されます。また琉球にはキツネやタヌキが存在せず、これらの動物が広く超自然的な魔力を有するものとの観念を抱く東アジアの人々の目からすれば、まさに有り難い神の采配によるものとすべきでしょうか。

鳥類ではプライヤー氏によって琉球列島特有のものとの確認を得ているコマドリ*13（本土においてはアカヒゲと呼ばれる）を含む約五〇種が知られます。爬虫類は少なくとも三種の存在が知られ、その一つは極めて巨大な体型を有する緑色アマガエル、さらに本土で広くみられるイモリがありますが、ただ後者は腹面が赤色ではなく、黄色を呈するものとなっています。派手な緑色をしたトカゲは沖縄ではごく普通にみられ、カメレオンにしても同様です。毒蛇 **Trimeresurus** のほかに全く無毒のヘビが存します。前者は土地の人々にはハブと称され、体長四～五フィート、直系二インチにおよぶもので、広く人々に恐れられ、憎まれものでもあります。実際上沖縄では北部山岳地帯を除けば、それほど人目に触れることもなく、慶良間島、沖永良部、喜界島などは、全くその存在を知らないとのことですが、一方大島、徳之島ではごく普通にみられます。この恐るべきハブは習性上小鳥を狙って潜んでいる生垣などから通りがかりの人に飛びかかったりするばかりでなく、実際に屋内にも侵入し、気候の温暖な頃など、灯りなしで屋内を歩き回ることを危険この上もないものとしています。アベ・フェリエ氏よりの一八九三年六月一日付き書信によりますと、三月末に彼を訪れて以来、その時期の間にすでに五人も咬傷を負い、そのうち三人が死亡しているとのことです。解毒剤は何ら知られません。

かりに死を免かり得た場合でも、まず普通に起こりうる結果は生涯片輪のままでいなければならない、ということでしょう。ハブを捕獲した者には、その生死に拘らず、官辺筋から賞金が出され、村人たちはハブ退治に三々五々と森へ消えていきます。にもかかわらず、ハブの勢力は目立つほど減少するようでもなく、近年この恐ろしくも憎むべき宿敵との対抗に屈した村人たちが己れの村を放棄したという少なくとも一つの例が知られます。これはプライヤー氏によって Trimeresurus ryukyuanus と命名されていますが、琉球列島特有のものなのでしょう。

またある島々では土地の人がエラブウナギと称する海蛇が採れます。土地の者は一括してそのように呼んでいるようですが、一種のみ、その咬傷を負うと危険なものがあります。最も広く見られる海蛇のうち、メスは体長約四フィート、胴回りが九~十インチ、オスは体長約二フィート半あります。メスは腹部が白く、背に輪状の模様があり、一方のオスは腹部が赤みを帯びています。次にやや稀にみるもので、かなり体形が大きく、長さが五フィートにも及ぶものがありますが、これは腹部に赤みを帯び、白、緑、黒の綾模様を有します。これらは、いずれも水深七尋ばかりのところで容易に捕獲できます。有毒な海蛇はさらに長く、八フィートもあります。本土のある農村地方におけるマムシ同様、この琉球海蛇は特に珍重され、富める者には食物として消費され、貧しい者には少量ずつ薬として愛用されます。木片に巻き、火の上に適当な距離をもって据え、生身のまま燻すのですが、そうするうちにほとんど黒一色を呈するようになり、よく売りにだされる那覇の市場などで初めて目にすると薄黒い木片なのかと見誤ってしまいがちです。

カタツムリ類が豊富で、寄せる波はまたとりどりの美麗な貝類を岸辺へ打ち上げてくれます。沿海は魚類が群れをなしますが、その多くはそれほど味覚に富むものでもありません。少なくとも日本本土よりやってきたばかりの者にはそうです。

主として鱗翅類を求めて沖縄を訪れた故プライヤー氏は、氏の収集したものがいずれも世界至る所でみられるか、あるいは少なくとも日本本土、マレーシアにおいては広くみられるものであるとして、その結果に不満の意を表しています。氏は、しかし、チョー類だけを調査したようで、これとても五月の短い訪問中になされたに過ぎないもののようです。蛾類は従来調査がなされていないものと思います。私は、しかし、南の果て与那国に特有の巨大蛾の存することを耳にしています。早春のひととき、私自身島にある間、昆虫の気配をさして感じなかったことは、はなはだ注目に価します。蚊はいまだその姿をみせなかった。広々とした沖縄南部の地勢と、絶え間なくあたりを潤す潮風とは、それが人々の生活に益するとは逆に昆虫の生活には適したものではないのでしょうか。

植物相

動物相とは異なり、植物相になりますと、その半数以上の種類に独自のものが認められ、本土とは大きく様相を異にします*14。全植物のほぼ三十％が亜熱帯性のもので、それらは台湾、福州地方を想起せしめるものとなっています。また、オーストラリアなどの遠隔の地から紛れ込んだものなどをも含め約二十%は熱帯植物です。琉球北部の山林には数種の樫《かし》や松の生育が見られます。これらは本土においても広く見られるものではありますが、種類を異にします。竹は本土におけるよりもはるかに少なく、それも主として種類の異なった、おそらくは Bambusa vulgaris なのでしょう。榕樹はその様相がインド特有の風情を彷彿せしめ、沿岸一帯を占める Heritiera littoralis や Tournefortia argentea 同様、南洋の様相を見せています。すぐに人目を奪う光景~それは丘といわず、荒れ地といわず、いたるところに繁茂している莫大な量に及ぶソテツです。ソテツはその芯から一種の澱粉状のものが得られ、食品に供されます。Pundanus や巨大なサボテン（土地の人々はそれをボーラと称する）は生け垣として利用され、後者は塀伝いに家屋の周囲に植えられます。数種のヤシ科植物がみられ、シダ、木生シダなども多い。シダは地上や木の間にも繁茂し、かなりの大きさにまで成長します。数種のランが見られます。白ユリは野生のもの。リュゼツラン属の植物同様、黄色の美麗な花をつけるシヨーガが広く見られ、綾模様のものと無地のものとが存します。多くのアルム科植物が存します。琉球には二種の芭蕉の生育がみられ、その一つ、食用種の Musa chinensis は比較的少ないですが、織物用の Musa textilis は広くみられます。他に栽培される植物としては次のようなものを挙げ得ましょう~島の貴重な貿易品となっているキビ、甘藷、タバコ、極めて品質のすぐれた藍、カボチャ、その他多くのヒョータン類、とうもろこし、豆類、巨大な大根、それに種々の穀類。まさに驚嘆すべき島の人々の勤勉さは、灌漑し得る土地であれば隈なく耕作し、ほとんど海岸線に接さんばかりに水田として利用することとしています。米は通常二年に三回収穫され、四度目にあたる半年間は水田を休閑地にするといった行き方です。甘藷は二年間に五度もの収穫を見るほどです。今や人々の主要食品となっているこの貴重な甘藷は一六〇五年に中国よりもたらされたものであり、そのため **Kara-mmu** すなわち「唐イモ」と称されます。それがさらに北方の薩摩へと伝えられ、そのた彼の地では「琉球イモ」として知られます。その後、中央および東部日本へと伝播し、一般には「薩摩イモ」と称されていますが、それは甘藷が本来薩摩産であろうとの人々の誤った印象からきているのです。甘藷はその伝来後四年という短時日のうちに土地の風土に適応せられ、人々の常用に供されるに至ったことを琉球の史家は教えています。

気　候

琉球における気象観測は近年に至って確立され、一八九〇年末、日本政府により那覇にて始められましたが、その施設は現在なおその一カ所に限られています。一八九一年度の統計記録の抜粋を挙げることにしますが、これは筆者が島を訪れた当時発表されたものでは最も新しいものです。その正確さという点では疑う余地がないと思われますが、また一年間の統計のみではさほど多くを語るものでもないでしょう。次のデータはあるいは何らかの価値があればと思い掲げたに過ぎません。最高気温が八月の摂氏三十三度七分（華氏九十二度六十六分）、最低気温が一月の摂氏七度四分（華氏四十五度三十二分）ということが分かります（以下、月別データは削除、訳者）。

一般に東アジアがそうであるように、ここでもまた冬は乾燥期、晩春から夏中が最も多湿の気候となっています。しかし、その差異は中国大陸ほど顕著ではなく、日本本土と比べてもそうです。これもごく一般的にいって琉球の気候はその多湿性にもかかわらず、快適で凌ぎやすく、島国の特性を備えていることが極端な暑気と寒気とを緩和してくれています。一八九三年の三月中、那覇における日中の気温差は目立って少なく、華氏で七度以上の差をみることはまずなく、時には一度という具合でした。同様に日々の気温差も少なく、一ヶ月を通じて五十六度と七十二度の間の変動がみられたに過ぎません。更に絶え間なく快適な微風が島を覆います。九月から十月にかけてこの地を訪れていたバジル・ホールに船医マクロード、また夏中から初秋へかけて幾たびかこの島に足跡を印したペリー提督らは異口同音に恵まれたこの島の快適な気候と空気とを賞賛しています。

列島中、琉球以外のある島々についてはすでに概略触れましたように、この点より劣り、特に一年を通じて湿気の多い大島、西表島がそうです。特に西表がひどく、そのため彼の地では「月に三五日も雨が降る！」という意味の言い回しまで生んでいます。この地が悲惨なほど非健康的であること～その点では東に隣接する石垣島についてもある程度当てはまるのですが～

に関してはすでに見てきた通りです。一月と二月は先島全域にわたって最も降雨量の多い月で、十月、十一月、十二月が最乾燥期で健康的な季節、さらに六月、七月はマラリアの全盛期となっています。琉球全体が痛烈な台風の被害を被り、台湾やフィリピン近海で発生した台風は恐るべき破壊力を伴って襲来し、本土の東南部沿岸へと向います。

馬上に身を託し、大琉球島南半を巡る私の旅は快適この上もないものでした。広く開けた土地は、しばしば島の両側に大洋を臨むことができ、珊瑚礁の上に横たわる大洋はその深浅によって目に快いとりどりの色模様をみせてくれます。新鮮な潮風、丘から谷への移り変わり、素晴らしく手入れの行き届いた土地、荒廃した城郭のようにそびえ、絵のような趣きをみせる珊瑚の断崖～それはまた古《いにしえ》の争いの絶えなかった世を語って横たわる本物の古城かと紛うばかりです。野や田畑で働く人々ののどかな表情、誰もが勤勉で、声を掛ければ揃って礼節に厚い島の人びと～これらのものが一幅の絵巻となり、その静寂な美しさは他に比べようもありません。

日本列島においては、南へ下るに従い植物の繁茂状態がその勢いを増すどころか、逆にまばらになっていくというのは奇妙な事実で、私は他にそのような例に接した覚えがありません。夏、蝦夷地方を馬で往くと、牧草や長く伸びた雑草は馬上を往く者の頭上を抜く勢いを見せます。中央部に至るとそれほど極端に走ることはなく、夏中野辺を覆う草は人の背丈をしのぐことはまずありません。大琉球となりますとすべては一段と低くなるばかりです。そこには高い草はみられず、比較的少数の竹が見られるとはいえ、藪《やぶ》と呼べそうなのはほとんどありません。

この国は公園のような趣きをたたえ、丘陵にしても本土のそれよりは低く、火山が見当たりません。そして、なだらかな丘の斜面は芝生で敷き詰められていて、何か典型的な英国の風物を彷彿せしめるものがあるようす。その昔、この地を訪れた航海者たちは誰もがそのことに触れ、驚喜せんばかりの口調で語っています。私自身はといえば、その静寂でいわゆる文化の香り高く、奥ゆかしい琉球の風物は認めても、日本本土に見る荘厳にして、より魂を揺さぶるような美しさとは比べようもないと思います。火山に見守られ、雪を頂き一面を花に覆われる日本本土〜そこでは優雅なうちにも怒りを秘めた火山が豊かな微笑を湛える平原へと変わり、そこはまたカモシカや猪を求めてやってくる命知らずの猟師以外には踏み込む人影とてない険しい花崗岩の山頂へと移りゆく。琉球にはそのような著しい対照をみせるものが何ら存在しません。すべてがさざ波のように美しく、しかも規模が小さい〜そこには慟哭《どうこく》の激しさがありません。那覇を発ち鹿児島湾を船足早く急ぐ時、そこには人呼んで薩摩富士なる火山の威容が湾口を見守り、同時に前方には今ひとつ別の火山がゆらゆらと噴煙を吐いています。ふとその時、私は農園に汗する美しい乙女に別れを告げ、今一度女王様の御前へ近づきつつあるかのように思うのでした。

注

＊1　「東シナ海海図」China Sea Directory は、この島に対し今一つ別の火山島 Volcano Island と

いう名称を与え、硫黄島という呼称は更に南に位する別の島に対して用いている。

＊2　実際上、八島だが「七島」というのは、例えば横浜南方に伸びる伊豆七島にみるように、日本人には親しい数字となっている。**Linschoten Islands** という術語に関しては、東シナ海海図によれば、その中に種子島、馬毛島、屋久島なども含めるものとなっているが、この海図では七島のみを含む名称として記されている。

＊3　永良部島 **Erabu-**（**Yerabu** とも）との混同によることは明らか。しかし、語尾にみる **Yerabout** の **t** は何ものなのだろう。おそらくそれは **abu** という音を **about** と綴るのも無理からぬフランス航海士らにその因を求めえよう。

＊4　文字通り「大きな島」という意のこの大島は、日本沿岸には、はなはだ多くみられる名称。それゆえ、特定の大島と区別するため語頭に、より明確な呼称を付すと言った工夫がなされる。こうして、伊豆沿岸における伊豆大島などといったものがみられる。

＊5　海図第八七三には、**Amami** と正しく綴られており、また「東シナ海海図」も同様であるが、**Oshima** に対しては、いずれも **Oo Sima** としている。

＊6　明らかに **Kakeroma-sima** との混同によるものだろう。

＊7　この島の名称　**Okino-Erabu-sima** における語頭三音節の崩れた形だろう。

＊8　この島は遠く北方へ離れて位するので、大島群島に含めるのがより自然であるかに思われるが、政治的には琉球の支配下にあったため常に中央諸島の一つとして挙げられていたもの。

＊9　他の海図では、この外に二、三の島々が異なった綴りで示されている。

＊10　おそらく名称の後半部、すなわち「国」を意味するkuniの切断された形。

＊11　いわゆる沖縄県に含まれるもの。

＊12　故プライヤー氏は、序論で言及した草稿で次のように述べている。

「ワレス氏は、その昔Island Lifeの中で、このコウモリを日本特有の動物の一つであるとしているが、それは、そのリストより削除すべきだろう。なぜならば、それが琉球以北でみられるものだとは言い難いからである」（ワレス氏はそれを日本本土南端最大の島九州の産である、としている）

＊13　すでに引用した草稿中で氏は次のように述べている。「この島はフォン・シーボルトの採集した標本に基づいて、本来日本本土の産として記述されているものだが、遺憾ながらシーボルトは、日本独自の呼称アカヒゲをコマドリに付し、それをコマドリアカヒゲの如く称している……。この島は、陸性のもので、そのかなでるさえずりは、まことに甘美である。わたしは、この鳥を横浜と東京の店頭で幾度か目にし、それについて店の者にただしたところ、朝鮮の産だとのことだったが、そういうことはまずありえない。なぜならば、極めて高価な鳥であり、さらに寒気に対して敏感であり、朝鮮の厳寒下に生息することは、はなはだ不都合だとされるから。教育博物館の江波氏が三月にこの鳥を発見しているように、今やこれが琉球土着のものであること、しかもおそらく彼の地のみに生息し、琉球以北にみるものではないことが確定的となった」

＊14　この項に記載される多くの事項に関しては、田代安定氏の文章に負うところが多い。氏は植物図鑑を編纂し、その出版以前に今一度島々を訪問されたいご意向のようである。氏は著名なマキシモヴィクツ教授の弟子。

歴史と民族的特性

伝承の古琉球

琉球の史家は、この国の歴史が一万八千年以上の太古に遡るものとしてはばかりません。ところが、このいわゆる古代史なるものを記している史書そのものが、わずか二〇〇年以上前のものなのです。ですから、琉球の島々に関する最古の史料としては、やはり中国と日本の諸文献に求めねばなりません。明らかに神話性を帯びたそのいわゆる神代時代が過ぎ去るや、中国、日本、そして琉球の三史料ともそれぞれ相当な内容的一致を見せるようになります。とはいえ、日・中いずれの場合も、古代史を後世自国の支配権正当化の為に解する傾向のあることは注意しなければなりません。いささか西洋の科学的学問追求の方法を身につけた現今の日本人史家でさえ愛国的先入観から全く自由であるとはいえません。

さて、伝統的な説によりますと、その昔、天・地・人すべてが混沌極まりない状態にありました。やがて、しかし、琉球島が現われ、それぞれシニリク、アマミクと称される男女両神の恵みによって岩や地が創成され、草木が植えられ、大洋との境界が画されました。そのため、それまで洞窟や森に潜み野獣と群れをなしていた人類の出現を見、その数がふえていきました。この男女両神には三男、二女がありました。天孫氏、すなわち文字通り「天子の後裔」と称される長男は琉球初代の王となり、次男は按司として王の家来である諸侯の祖、一方、第三子は百姓の祖となったのでした。こうしてこれら三人の神の御子たちがそれぞれ社会の三階級の祖となるに至ったのです。娘たちの一人は全貴族女性の守護神である君々のはじめ、今一人は全農婦のそれとしての祝々の初めです。当時まだ文字が知られず、書物が存しませんでした。日付を知るには月の形を観察することだけにより、新緑や落ち葉は季節の判断ともなるのでした。それまではまだ米も知られず、人びとは漿果類、または鳥獣の肉を食して生き延びていました。しかし、天孫子によって米の栽培法や調理法が教えられました。同時に彼はまた国頭、中頭、島尻と称される部分に島を三分し、これらの三地域をさらに間切りに分割したのでした。それ以来この区分法はそのまま伝承され、今日に至っています。さらに彼は首里に王城を築造したのでした。その王朝は一万七千年もの存続を見、後段に見る如く紀元一二世紀に至って漸く終焉を迎えることとなるのです。

中国の古記録

異国が琉球について触れる最古の記録は、紀元六〇五年の中国の史書にみえ（その史家は列島のいずれの島を指すのかということには触れていない）、島とその住民に対し何らかの調査が企てられたが通事の存在を見ず失敗に終わるということが記されています。しかし、その後間もなく日本人の介在によって通事がえられ、ここに琉球王の中国皇帝への服従という一方的な要求をなすべく使者が遣わされたのでした。この要求は拒否され、六一一年には兵が送られ王城が焼き払われ、幾千もの男女が捕虜として連れ去られました。後にもみるごとく中国のこの記録はかなり事実上の記述をなしているかに思え、可能性の大きいことなのですが、おそらくは東海に浮ぶある島に対して実際に企てられたある攻略の一つなのでしょう。しかし、それは果してどの島なのでしょう？　それが問題です。

その後一千年を経て大琉球がこの上もなく重要性を持つに至り、「琉球」という呼称がほぼ今日我々の知る琉球を指すのに限られ、初めて琉球歴史が記されるようになった時、旧記にみえるその国が大琉球のことであったろうことを特にそれ以上詮索がましく疑う者はなくなったようです。私見ではこのような憶測は何らの明確な証拠もなしに安易に受け入れるべきではありません。

七世紀の日本は琉球について何ら知るところがなかったにもかかわらず、我々は大和朝廷が通事を差し向けたというようなことを耳にします。それゆえ当時日本本土が琉球なる呼称をもってしていた琉球以北の島々の一つを指すものであったか、あるいは日本の通事云々という詳細を無視するとして、台湾を意味するものであったろうことは少なくともありえることでしょう。なぜならば、台湾の一部はより中国に近く、大陸よりの攻略という点でははるかに可能性が大きいからです。さらにその昔、彼の地は中国には琉球という呼称で知られていた所でもあります。初めの仮説は中国史家の記録を曲解しているおそれは余りなく、実際まったくその危険さえないと見るべきですが、そのことをさらに裏付ける証拠がなく、その問題は暗闇に包まれたままになっています、いずれにせよ中国の琉球に対する攻略が真実であったか否かということは歴史的にはあまり意味のないことです。というのはその後両国間に交渉～それが軍事的なものか、あるいは外交的なものだったにせよ、少なくとも公的な交渉～が再開されるまでには何世紀もの時間が経過しているからです。もっとも帆船を操る船乗りたちが次第に大胆となり、遠く家路を離れて行くに従い、近くの福州における中国人と琉球との間に漸く盛んになり始めていた貿易のお陰で両国間のある程度の理解というものは中世を通じて徐々に深められているかに思えるのではありますが。

日琉関係

日琉間の交渉は全く異なった方向をとるものでした。七世紀以降の日本の古文献には初めに列島北端の島々に関する記録がみえ、次第に南の島々へという如く、これらの列島に触れているることが散見されます。ある場合には島の名称が明確に記され、またある場合には琉球という語がやや漠然と用いられていて、どの島のことなのだろうと我々を困らせます。日琉間の交渉が開かれたのは、紀元六一七年に女帝推古天皇への貢物を携えて屋久島より三人の男がやってきた時をもって嚆矢とします。これは中国を範に大和朝廷自体、文明開化と中央集権化を始めた数年後のことです。紀元六七八年には種子島の人々が前例にならい、さらにその翌年には返礼として朝廷から使者が送られ、島の頭領に日本の位階が授けられました。こうしてその使者は、この「琉球島」の地図と今日でも広く知られる、かの素晴しい種子島二期作米に関する知識とを携えて日本へ帰還しています。八世紀の初めまでには屋久島、種子島だけでなく、奄美大島も日本の領土となり、さらにその後しばらくして久米島からも進貢があったことが知られます。もっとも久米島とは漠然と南のいずれの島をも意味し得るものでしょう。一〇〇一年に至って初めて喜界島に関する記録が現れます。すなわち、当時「西方の野蛮人」との間に戦《いくさ》があり、もってそれを撃退すべしとの日本の命を喜界島の役人が受け取るということが知られます。また我々は、次の世紀に至って（一一七九年頃）薩摩の島津氏が朝廷より琉球の諸問題、すなわち種子島、屋久島、大島に関する諸々の事件の統括を拝命されたということを知ることができます。このことを解釈しますと、島津は自らの利益のため、これらの島々に対する支配権を得んものと努め、その合法化のため、当時全く有名無実にしてお飾りに過ぎなかった天皇の裁可を仰いだものとすることができましょう。さらに十二世紀末に日本を追われた平氏の落武者の一群によって、今一度大島が征服されたという記録が知られます。

秘伝～英雄為朝像

さてここで大島を琉球と分かち、長く伸びる波荒き灘を超え、南へ一飛びしてみましょう。名射手の誉れ高く天皇の血を分けた偉大な源氏の末裔でもある、かの日本の英雄為朝が宿敵平氏に追われ、琉球列島の北へ連なる島々を下るうちに、それらの一つ一つを征服していくことになります。かくするうちにも一行は大嵐に遭遇、船乗りたちが恐怖におののいたのですが、為朝は次のように言うのでした。「命を恐るるなかれ。我が運命《さだめ》は天のみぞ知る」と。かくして暫くの後、彼らのたどりついた港、すなわち、我が英国海図にみるPort Melvilleは「運天港」、すなわち「運を天に任せる港」と命名されたのでした。この地の按司の厚遇に浴した為朝は、その妹を妻とし、舜天と呼ばれる一子の父親となりました。しかし、故国大和への想いやまぬ彼は琉球人の妻と二人して二度にわたり船出を企てたのですが、いずれの場合にも吹き荒れる大嵐によって追い戻されたのでした。海の神が男らに混じって同船する女の存在を怒ったのであろうと船乗りたちはそれとなく口にするのでした。そこで為朝は妻に琉球の地に留まり息子の養育をするように命じた上、祖国への船路を急いだのでした。為朝の姿を再び琉球の地にみることはありませんでした。

為朝とその気高い琉球人の妻との間にできた一子舜天は琉球のナポレオンとも目されます。シニリクおよびアマミク両神の御子天孫氏の御世より一万七千八百年の歳月の経過をみ、その間二十七人のそれこそ大変な長命をしたことになる君主が次々と王位を継承しています。このいかにも悠遠な古代王朝は遂に衰微し、第二十五代琉球王の治世はその専制政治を意図するところとは裏腹に事実上全くの弱体化をきたしていました。いたるところ謀反や騒乱、そして略奪に満ちていました。舜天はともかくも秩序の回復を図るには自ら万事を司らねばならぬことを知り、まず浦添の按司として（ところで、この地はいささか首をかしげたくなるほど運天とはかけ離れた位置にある）、その後は琉球中頭全域の長、そして遂には全琉球の王として（一一八七年）、その治世はいたるところ平和と繁栄に満ちているかのようでした。他に舜天が文明開化に尽くしたものとして日本語の「いろは」を取り入れたことは特に明記してよいでしょう。世に伝わるところによりますと、正統の琉球王として古今代々その地位を占めてきた王朝は舜天王直系のものだとのことです。もっとも紛れもなくこの王朝が代々この島の治世に与ってきたかということは世の史書からは詳らかではありません。それどころか、しばしば紛争が絶えなかったかに思われ、時としてそれは人民の中から元首を選出しようということに関わるものでもあったようです。飢饉に疫病、その他明らかに神の怒りとも思える数々の災禍など諸々の憂慮すべきことどもはすでに舜天王裔孫の時代に始まり、そのことは民衆の不満を醸し出すこととなり、王自ら退位せざるを得ないこととなりました。そして、そのことは琉球古来の王統に代わるべきだとのことでしたので、琉球の史家が我々に伝えるほどその王位退官ということが自発的になされたものでもないと解してよさそうです。言い換えれば、この国へ流れ込んできた大和の血を引く王統が退けられ、琉球正統の王朝が復活したのでした。しかし、またしてもその三代目に至って反乱が惹起、一二七〇年頃より正式に琉球の一部として統合されていた大島をも含む琉球王国は分裂の憂き目をみるに至ります。

三山統一への経緯

三山時代として知られるこの時代は一三一四年から一四二九年まで続き、それ以後はそれまで各地方の按司による内部抗争のためなのでしょうか、独立を勝ち得ないでいた先島諸島をも併合し、拡大された一代琉球王国を形成してゆくこととなります。先島はそれまでその存在そのものが知られていなかったか、あるいは少なくとも琉球王国からは顧みられなかったのです。もっとも彼の地の住民は琉球または日本本土よりの漂流民か無宿者たちからなっていたのではありましょう。地元の言い伝えによると中世日本の装束に身をかためていたといわれる武士の墓が今なお石垣島にみられるとのことです。琉球に併合される以前の与那国島には、かの偉大にして哀れな平氏の血を分けた十七の家族が定住していたとされ、先島のある島々にみる墓地には日本先史時代特有のコンマ型装飾用品である勾玉《まがたま》の遺物が知られます。こうして十五世紀初頭に至るまでには琉球王国は、その最大の領域を手中に収め、一帝国の地位（少なくとも彼らの目からは）を得たのでした。征服した各島々の統治には按司をもって当て、そこには琉球の慣習、諸制度が敷かれ、重い貢納の責務が課されたのでした。またいわゆる被征服民は都へ行くことが禁じられていました。この掟の唯一の例外としては、琉球の役人がその離島での任期中に土地の婦人との間にできた男児以外に男子の嗣子がない場合、この子のみは、あるいは父親に伴い琉球へ帰還することが容認されることがあろう、とするものでした。しかし、その子の弟、姉妹にはそれが許されず、母親にいたってはいかなる事情をもってしても不可能でした。そのような制限下にあってもなお、琉球の栄誉ある家柄のある者には、その祖先を卑しい植民地人に持つ者があると言われます。ところで人民の不満は南北を問わずその勢いを増すばかりで、琉球人の治世になる全列島の実質的な社会的、政治的統一は、尚真王治下の一五二〇年頃まで待たねばなりませんでした。

その間、対外的な問題が高まりつつありました。クビライ汗の指揮下に日本征服を企て、結局敗北を喫したばかりの中国は、少なくとも琉球だけはその帝国の一部に加えんとの野望を固めていました。その結果、紀元一三七二年には琉球王の服従を要求せんものと、使者が送られました。その要求が受け入れられ、その事に反対していたある二つの小国家もすぐその後琉球の例に倣いました。その結果、従来ごく僅かながら浸透していた中国の文物思想が一気に押し寄せることとなりました。学問を修めるために琉球の貴族出身の若者たちが中国へ送られ、また多くの中国人家族が移住してきました。大陸よりの外圧が琉球三山を一人の主導者、すなわち、かの偉大な琉球王尚巴志の下に統一せしめるに至ったものとみていいでしょう。中国の命に対してみせるこの国王の寛大さは金銭面、その他幾多の恩恵をもって報いられ、その中には国王直系の者がいまだに有する「尚」、即ち「崇敬すべき」という意の姓の附与も含まれていました。那覇湾内の島にある御物城は、後年日本がオランダ商人のために出島を隔離しておいた如く、中国貿易商のための「居留地」または「作業場」として他から隔離されたものです。貿易の振興に伴う琉球の財源の蓄積発展には著しいものがありました。寺院や城郭、そして王家のための別邸の建造、数知れない随行員を伴う使節の往来、商業上の施設に関する交渉、広東や時にはマラッカにもおよぶ航行、そして琉球に属する二、三の小さな島々において時たま起こる反乱などといったことをも含む諸々の事象は全て今日琉球の記録にみることです。時として善良な琉球王府は、日中両国間の交渉に与るとの使命を拝受することさえありましたが、これは名誉なことだったとはいえ、いささか心許《こころもと》ないお役目ではありませんでした。

薩摩の触手

その間、日本本土としても伸びゆく琉球の隆盛ぶりに目をつぶっているわけではありませんでした。昔ながらの慣習と天皇の裁可とによって薩摩の手中に帰していた琉球貿易専有権の幾分なりとも得んものとの努力が本土有数の藩によってなされたのでした。薩摩は、しかし、既得の権利を手放すどころか、より以上の利を得ようとの意を固めていました。秀吉による朝鮮征伐（一五九二〜一五九八）への助力を琉球王が拒絶したことを口実に争いを仕掛け、そのことで幾年かくすぶり続けましたが、ついに一六〇九年に至って島津は総大将樺山久高率いる三千余の兵と船百艘とを差し向け、まず大島、徳之島、永良部島を征服、引き続きかつての為朝が四世紀半もの昔なしたように運天に上陸したのでした。四十日にわたる攻防の後、大琉球は征服され、城郭が荒らされ、琉球王は薩摩へと連れ去られたのでした。しかしながら、琉球王は極めて丁重に遇され、捕虜というよりもむしろ不本意ながら招かれた客として、あらゆる優遇慰藉に接したのでした。その後、王は将軍に拝謁すべく江戸へと送られましたが、将軍は彼を公正尊厳の念をもって処遇、そのことは琉球王一行の帰路立ち寄ったどの地の大名にしても同様でした。しかし、その間に経過した二年の歳月は薩摩の巧みに利用するところとなり、北方諸島の行政改革を行い、南の島々には使者を遣って調査の手を加え、今日もなお続いている貢納の額を課したりしました。長時間に及ぶ談判、そして捕われの身である琉球王に対する美辞麗句の数々が献上されて後、双方合意に達した取り決めは次のような次第でした。すなわち、大島その他の北方諸島は薩摩の専有地として残すこととするが、それ以外は琉球王が年々それ相当の貢納の義務を果たすこと、そして琉球王府内に日本本土の政治顧問をおき、琉球国の対外問題に対し、その監督を行うものとするという条件で全て琉球王に返還するということだったのです。後年、西洋諸国の代表者たちが琉球の指導者と会見するに際しては、決まって本土からの役人とその部下が琉装に身を隠し、外国人の気づかぬうちに同席したのでした。それにもかかわらず、中国に対し貢納の義務を果たすということに対しては差し止められることがありませんでした。もっとも中国・琉球間のあらゆる往来には、常に羨望の目が向けられていたからではありましたが……。たまたま島津氏が財政上の必要から一六三一年には伊地知と称する一家臣を琉球の商人に変装せしめ、商人の一人として福州へ遣わしたのでしたが、このようにして得た利益が相当なものであったため、以後それが毎年繰り返されたということまで我々は記録によって確かめることができます。

身分制度の確立

その頃までに、その後長く継続することとなる琉球の国家形態が一つの統一された形に定着しました。御主加那志前《うしゅがなしいめえ》の尊称を有する琉球王の次には華族である王子そして按司、三司官と続き、共に位階の高い貴族を形成し頭髪に金製の簪《かんざし》を挿すことができました。その次には金の花をあしらった銀製の簪を有する親方《うえかた》が続き、次に高い貴族としての位置を占めます。銀の簪の使用で区別される上流階級の人々は親雲上、里主、筑登と称される三階級に分かれます。仁屋と呼ばれる平民は銅製の簪を用いていました。当然のことながら、華族・士族といった上流階級の人々によって支配層が形成されてはいましたが、世襲の尊称と公的な位階とは明確な区別がなされ、摂政は常に国王に近い血縁者から選出されました。一五七九年に中国皇帝より授けられた「守礼の邦」という称号は、いくつかの極めて重要な点でまさしくこの国に相応しいものであって、この称号は今なお王府の表玄関に誇らしげに刻まれています。琉球には武器もなければ封建的な派閥争いもなく、暴力をともなう犯罪がもしあるとすれば、それは極めて僅かに過ぎません。秩序はかたく守られ、権威に対する崇敬の念はことのほか高いものがあります。罰則は中国の慣例にならい名目上厳しいものではありますが、実際には穏やかになされます。しかし、罰則の施行にあたっては階級及び親族というものに対する考慮が重要な要素となります。例えば、年上の親族に対する暴行は年下の者に対するそれよりも重く処罰され、加害者と被害者の身分が異なる場合にもまた同様でした。犯罪に対し刑罰が加えられるばかりではなく、明らかに善行だと思われることや、公共の福利達成に尽くした努力に対しては報償が授けられました。

儒教思想が行われ、政治は純粋な文政を以てし、絶対的であると同時に家長的でもあり、いかなる形であれ武力に依存するということがなく、むしろ臣民はその支配者には無条件に服従する責務を負うものであるとの思想に基づくものでした。王は側近に多数の身分ある知識人をいだき、それ全体が勤勉な農民たちによって支えられていました。商業はかなり二次的、従属的な位置を占め、実際それはほとんど物々交換以上にでることはありませんでした。

スケールの大きなことを目にすることには慣れている西洋人の目には、琉球の政治形態は必ずや三文オペラ的性格を備えたものに映ずることでしょう。貴族の数がまず不釣り合いなほど多く、役所や役人の数は全く息をのまんばかりです。評定所、物奉行、申口座、用意方、収納座、山奉行、料理座、厩役、座検者方、伝令、用物座、蘇鉄植付方、瓦奉行、貝摺奉行、油座、砂糖座……等々、事実上全輸出品目関係の役所～これらすべてが実在したのであり、離島の按司やそれに従う者として位階の細分化された役人などのほかにもさらに多くの機関が存在しました。これを見、これほど多くの部署、座、役所等に配属するに必要な役人の数を思い浮かべる時、我々は一体その下で治められるべき者がまだ残っているのだろうか、といぶかしく思い始めんばかりです。反面また農民階級はいわゆる自由と呼ばれるものを何一つ有せず、ただ生きる権利とお上のために働く以外にはほとんど何も持たなかったことも銘記すべきでしょう。

それでも全体的にみれば、琉球は豊かな地であり、記録に見える品目などには緩慢ながら事実上進歩発展の跡さえ窺えます。概して東洋が沈滞遅々たるところだとの考えは西洋人の幻想に過ぎないといってもそれほど的外れでもないでしょう。時代が進むにつれて新しい工場、産業（日本本土からの磁器など）、さらに新医療法の導入などのあったことが知られます。

迫り来る異国船

同時にまた十九世紀に始まる西洋からの船舶の来航によって、中国、日本以外にも外国なるものが存するのだというかすかな知識が得られるようになりました。中国在留フランスイエズス会のゴビール師は、中国人による大琉球島とその住民についての記事をLettres Edifiantes（一七八一年）の二十三巻に訳出刊行しましたが、その後間もなく、その海域には英国船が現れ始めました。船長ブロートン率いるプロビデンス号が宮古北方の大暗礁で座礁したこと、そしてその乗組員が宮古島やその後無事たどり着いた那覇において経験した住民の温かい歓待などということがこの遠い世界の一角に英国海軍筋の注目を集めたのでした。その結果、ナポレオン戦争集結を機にこの地やその他、ほとんど未知のままだった東アジア海域の踏査および測量を実施すべく遠征隊派遣の準備が決定されたのでした。マックスウェル艦長率いるアルセスト号およびバジル・ホール艦長指揮になるライラ号は一八一六年九月那覇港に至り、那覇およびその近郊に約六週間にわたる滞在をなしています。英国のこの航海者たちは土地の人々との間に極めて友好的な関係を樹立し、測量や海図作成のみにとどまらず、人々に対する質疑および観察をなし、調査全体にわたって初期の目的完遂へと励んだのでした。バジル・ホールの航海記は琉球の習俗を実際にその目で確認したものとして、琉球に関する著述としては西洋における初期のものです。

英国乗組員の一人が死亡し、那覇から三分の二マイルほどの人目につかない海辺近くの天久寺で琉球側より提供された墓に埋葬されたのですが、私はそれを確かめんものとそこへ足を運びました。「客を遇するに礼節あふれるこの島の国王および住民」から受けた恩恵に対して艦長が感謝の意を記した碑文は依然判然とその跡を留めていたのでした。運命の奇妙ないたずらとでもいうのでしょうか、ただ一カ所その中でもはや判読の難しい部分がありましたが、それは、その霊を後世に伝えんとした哀れな一青年の姓名なのでした。爾来、この地には幾人かの欧州航海者の霊が眠っています。

その後、この島々には時折り色々な国よりの異国船の訪れを見ることがありました。例えば一八二六年には艦長ビーチー率いるブロッサム号、一八四四年にはこの国と貿易を開かんものと努め、残念ながらその意を果たせなかった一フランス船、さらに先島諸島の幾つかを調査した一八四五年の英艦長ベルシャー（英帝国海軍）などがそれです。しかしながら、何ら外交関係の樹立をみるに至りませんでした。海上での事故により時たまその沿岸へやってくる訪問者に対しては進んで温かく迎え礼節を尽くすのですが、外国と永続的な関係を保つということに対しては、中国の例に倣い常にそれを避けることを本意《ほい》としていたからでした。この地に留まることを目的にやってくるある人々に対しても全くそれを許容しませんでした。そのような歓迎されざる客には幾人かのフランス人宣教師がありますが、その中でも最初の者は一八四四年、那覇に上陸しています。また英国に帰化したユダヤ系の人物でベッテルハイムと称される者があり、一八四六年にプロテスタント宣教師として琉球に至っています。この地を立ち去るようにとの度重なる懇願にもかかわらず執拗に留まっていたこれら他国の侵入者に対して琉球側は住居を与えてはいました。しかし、その説教にはほとんど耳を傾けず、従ってこれ以上頑張ることの無意味さに気づいたカトリック、プロテスタントのいずれも、ついに数年の後には進んでこの地を後にしたのでした。

とかくする内に、神の福音を説くそのような幾人かの無防備に等しい宣教師たちよりも遥かに恐るべき外敵の出現をみることとなります。一八五三年のある晴れた日、ペリー提督率いる米国艦隊は日本へ開国を迫らんものと彼の地への航行の途次、まず初めに琉球にそれを強いる目的で那覇に至ったのでした。か弱き琉球側は無論なすすべを知らず、米国はといえば那覇に石炭補給所を設け、島を行進し、国王への拝謁を迫り、広く住民を震駭させたのでした。この地に得た知識は、しかし、すこぶる多く、その探検記はこの上もなく愉快な読み物となっています。米国船には最上の処置で対処すべしとの条約は締結されたものの~この条約は、一八五五年と一八五九年にそれぞれフランス、ドイツによって踏襲されました~琉球に関する限り、ペリー来航以後政治的には何ら永続的な結果をみず、この小王国は再び以前の孤立状態へと戻ってしまったのでした。

宣教師や外交関係の人たちが等しくこの地に関心を寄せるのは、主として日本本土への足場としての位置によるのであって、今や日本自体が開国し、琉球を煩わせねばならない理由のことごとくが消え去ってしまったのです。

「琉球問題」の淵源

琉球と欧米との関係を終えるにあたって私たちは今、より近い隣接アジア諸国と琉球との関係という、より重要な点を取り上げるべく話の筋を少しく戻さねばなりません。政治的に言えば、琉球の歴史は数世紀もの間、生け垣の両側に座を占めんとの努力にあったのであり、この態度が極東外交関係者に幾多の摩擦を生じているいわゆる今日の「琉球問題」を生んでいるのです。一方には中国を、そして他方には日本本土をいただき、小国琉球の王は一種のご機嫌取り的存在へと追いやられ、多くの住民、いや少なくとも位階の高い役人は、一方の手に負えぬ程の大国に対する態度ともう一方のそれへという二重の身の振り方を身につけるに至ったのでした。しかして、琉球自体の貨幣が何ら存在しないため*1、近時ある種の商取引で用いられていた日本の「銅銭」など、中国役人の存在を身近に感じる場合にはその目に触れぬよう注意深く隠蔽されたのでした。一方、琉球で広く行われている中国式の年号は日本との外交交渉においては極力無視されたのです。か弱くも哀れな琉球の人たちは食物に関してさえ、いずれの側にも気に入るようにとの配慮にこれ努めたのです。しかし、日本本土が民族的にはより密接な関係にある事実にもかかわらず、これら双方のお得意先のうちでは中国が、より彼らの愛顧するところであったことは容易に分かります。すでに見た通り、琉球の政治形態にしても日本本土に見る軍政的なものではなく、中国の文政にならうものであり、また彼らの間では極東の人々には極めて重大な意義を有する中国暦が終始用いられていたのです。一六〇九年の薩摩の琉球入りという、屈辱的な記憶とそれ以後この地にみる日本本土からの歓迎されざる政治代行者の存在ということがこのような結果を生むに力のあったことは疑いえないでしょう。また一方、中国を君主に相戴くということは、実質的なものというよりも、むしろ名目上だけのものであって、例年福州へ送られるいわゆる進貢船は、その極秘裡になされる取引により莫大な利益をもたらしたので、本来規定された量以上の進貢を認めて欲しい（！）との要求を琉球側がなしたというようなことも事実存在したのです。

このようにして、二世紀以上もの間琉球は二大国に忠誠を誓うという状態を続けたのです。そのような取り合わせは、当時の交通通信の貧困さや国際法の概念などの曖昧な状態にあっては、関係三国いずれの場合についてもまず満足のいく程度に作用したのでした。

琉球国併合

一八五四年の日本の開国は突如として絶大な変革をもたらしました。自国の長期にわたる鎖国より西洋の圧迫を受けた日本は、そのまれにみる先見の明によって「己れを護るには相手の模倣をもってする」という、いわゆるダーウィン説による策をもって当たったのです。日本自ら西洋列強の一つに加わったのであり、あるいは少なくともそれを模した国とはなったのです。周知の如く、西洋列強がその優越せる文明を誇示する一つの行き方は、領土の併合と併合される側の徹底的な服従以外に何ものをも容赦しないということです。こうして一八七二年、天皇に王政復古の祝辞献上にやってきた琉球の使節たちは、その変貌の予想以上に大きいことに気づいたのでした。一行は今後琉球が日本外務省の管轄下に入るべきこと、さらに琉球王は自らを日本の華族の一員であるとみなすべきことを知らされたのでした。その上、数ヶ月後には以前琉球が米、仏、オランダとの間に締結した条約の責務は帝国政府がこれを継承するとのことを知らされ、一八七四年には琉球が日本国内務省管轄に帰すること、そして遂には以上のどちらかといえば感情的な桎梏《しっこく》ともなっていた諸条件に加うるに最早やこれ以上進貢船～すなわち貿易船～を福州へ送ることは絶対にまかりならぬとの勅令が東京において発布されたことを知った時、か弱い首里王府がなすすべを知らぬまま、憤激と一大恐怖の渦中へと陥ったのは驚くにもあたりません。一八七三年、新しく東京に居を構えることになった琉球の出先機関では、日中双方を相戴くという在来の慣例に対する日本側の裁可を得るのにありとあらゆる努力を尽くしたのでした。日本は琉球の父とも仰ぐべきものであり、また中国は母にも如《し》くものとして彼らは嘆願したのでした。実際いたいけな稚児にも等しいこの琉球が温かい両親の育《はぐく》みなくしてどうして生きてゆけましょう。私は思うのですが、おそらく彼らは在京列強諸国代表の幾人かをも説きつけ、己れの言い分を支持してくれるよう懸命になったことでしょう。しかし、**De minimis non curat diplomatia**「力なき外交に効なし」に言う如く、余りにも取るにたらない琉球は、耳を傾けるに値しなかったのです。結局、前国王は国賓として～言い換えれば一国の捕虜として～東京へ連行され、最早や王や殿下としてではなく、一介の侯爵として今日なお「琉球屋敷」と呼ばれるところをその居としています。以前琉球王の手中にあった領土は政治的に日本帝国に併合され、また部分的には沖縄県の名のもとに官僚組織の一部として同化されていったのです。その行政には日本本土からの役人が当たり、日本国の法規が適用されました。しかし、過度的な状況にともなう地元の必要性や事情によって種々の例外的措置を受けるものとされました。例えば、琉球の人々は徴兵を免除されていました。彼らはまた選挙権をも免除されたのであり、この特権が本土において幾多の軋轢《あつれき》をかもし出していることを知っている琉球の人々は、今日なおそのことを甚だ有り難く思っているのもいわれのあることかも知れません。いずれにせよ次のことだけは断言できそうです。すなわち琉球が服属したであろういかなる国といえども琉球に選挙権を賦与することはなかったろうということです。また琉球人自らも当時それを許容することを潔《いさぎよ》しとしなかったであろうことも同様に確かなことでしょう。

私見～琉球の進むべき道

　あらゆる条件を考慮し、特に善良で遠慮がちな島の人々の気質に思いを致すと、いずれが併合した側で、いずれが併合された側であるかという明確な区別を忘れ去るのには数世代もあれば十分でしょう。特に政治学に詳しいわけでもありませんが、私の目からすれば、そのような結果をもっとも望ましいものに思います。ヨーロッパでもそうですが、日本本土においても領土の併合に関して広く繰り返される、かの浅はかな議論、すなわち、民族と言語との関係に基づいた議論を私が援用するわけではありません。このような論法でいけば、英国は米国に併合されねばならぬということになり、これは（幾何学者のいうように）「条理に合わぬ」ことです。実際、個人の経験はいうに及ばず、もっとも激しい争いというものは血を分けた者同士のそれであることをあらゆる歴史は我々に教えてはいないでしょうか。共通する言語のもっとも得意とするところは、相互の感情的相克を激化せしめ、傷つけやすくするということではないでしょうか。国民性というものは共通の過去を有すること、そして共通の未来を希《こいねが》うことにあります。それゆえに、琉球が日本帝国と不可分にして、その幸せな一部になることを確かめたいと望むのは、民族的あるいは言語的な同族関係などといった一方的な議論をその拠り所としているのではありません。そのように望むのは、琉球の人々が今やそのように身を処することが、より好都合であると認識し始めている事実に基づくものであって、それ以外の何ものでもありません、独立を保っていた古き時代を振り返り、懐かしむ保守的ないし国家的党派は現在依然として存在します。しかし、こういう党派の人々が死に絶えた後は、彼らと同様な考え方を抱く若者たちがその後に続くのではなく、むしろ逆に琉球の指導者たちが外国列強との交渉にあたり、自国の救いのなさと取るに足らない存在であることを口癖のように繰り返していた事実に琉球のあらゆる階層の人たちが目覚め、そのことを彼らの将来への指針とするであろうことを私は信じて疑いません。琉球はあまりにも小さく、か弱い。軍艦の至る所にはびこる今日、狭小にして弱小国がひとり独立を保つことは不可能です。その存在は全くその主人の手にかかっているのです。今や日本本土は疑いもなく中国より勝れた主人であり、西洋列強のいずれよりもっと同情的な国であるに違いありません。日本は琉球に道路や学校、それに便利な通貨を与え、生命財産の保護を確約するものです。わずか十三年前にガビンズ氏が描写した那覇の状態に比し*2、今日の那覇界隈の様相は日本本土の影響により著しい貿易の進展を反映し、この点は皮肉にもその昔琉球が最も恐れていたことそのものなのです。日本は宗教的社会的拘束を何ら強要するのでもなく、また外国との商業取引をも認めるものではありませんので、琉球の人々は己れの生活習慣、思想を破壊せんとするいかなる暴挙をも恐れることがなく、また自分たちより一層強く狡猾な民族との不当な競争におののく必要もないでしょう。逆に日本語を学び、日本本土の者と同様の装いをしたいと望む者は彼らと同等の条件で公職に就くことができることでしょうし、そこには民族的または皮膚の色による偏見などといった琉球の人々をいつまでも従属的な地位へと追いやるものは何一つ存在しないのです。要するに、あらゆる点からみて日本本土との合併を率直に受け入れることこそ将来琉球が比較的重要な地位を占め、その安泰を勝ち得るうえでの最良の手だてであるように思われます。

共通する神代史、古代史

琉球史の項を終える前に、しばらく元にもどり十四世紀以降の琉球の記録が明らかに信ずるに足るものであることを述べておくことは無駄ではないでしょう。それ以前のあらゆる事象は、為朝の征服にしても現在手元にあるようなものよりも一層勝れた確証を得ぬ限り、それらを許容することには躊躇する者です。しかし、別の意味で真理を表わしている事象がもしあるとすれば、それは伝説的な琉球の古代史と日本のそれとの間に脈打つその気風、精神の一般的類似性といったものでしょう。天地創造の神々の説話、そして正真正銘の人間王以前の驚くほど長期にわたる神がかった王朝というものは、かなり日本的な響きを有します。遠く離れたこの地の判読し難い古代史のページを私なりに憶測し再現してみますと、次に記すようなことにでもなりましょうか。すなわち。今日の日琉両民族の共通の祖ともいうべき民族が対島を踏み石に朝鮮海峡を渡って南西より日本本土に至り、本土南端最大の島九州に上陸したのでありましょう。このことは地理的にも伝承の傾向によっても、また日琉両語を朝鮮語および蒙古語と結びつけている文法上の類似性からしても等しく蓋然性のあることとされるのです。この民族が比較的文化の開けた先住民とおそらく同化しながら次第に東へ、そして北方へと広がっていったことは歴史によって知ることができますし、また地名の証するところでもあります*3。その先住民がどのような系統に属する者であったのかは今日何一つ詳らかではありませんが、それよりさらに古く未開な種族、すなわち現代のアイヌにその残影を留める種族をあるいは追いやり、あるいは殺戮していったのでしょう。地図を一見すれば九州が埋まってしまうにしたがって、何ゆえにこれら征服民族の群れは東へそして北方へと押し進んだかが分かるでしょう〜そこには行く手あまた広漠たる陸地が伸びていたのです。南の方へは、しかし、鹿児島湾から大琉球へと伸びるその間には島と島とを臨むことができ、あたかも踏み石のように点在する島々、すなわち琉球列島をもそこにみるのでした。人種及び言語のいずれに関しても日琉間に極めて緊密な関係の存することは侵入民族の一部がおそらく自発的にか、いやことによると同志争いに敗れ、難を逃れて南への進路を辿ったであろうと結論せざるを得ません。私はさらに想像を逞しくするのですが、琉球列島を一括して日本帝国の支配下に置くなどという観念は本来存在しなかったのであり、そういう極めて広大な地域をひとまとめにして考えるということは、中央集権化以前の時代には不可能であったでしょうし、また日本本土の公的な記録をごく正当に解釈するとしても、そのようなことを主張した形跡は見当たりません。また南へ南へと漸次時期を異にして押し寄せる移住民の波はそのつどすでにこの地へ到来していた者を征服し、部分的にはそれらと同化していったのでしょう。といいますのは、資源及び文化的諸要素に溢れ、より広大で波乱に富んだ北の男たちが、か弱い辺鄙な島の者たちを退けるのは当然のことだろうからです。為朝征服の説話は、その昔、幾たびかあったそのような出来事に対する島の人々のかすかな記憶が一個の名のもとに今日その跡を留めているものなのではありますまいか。そして十七世紀に島津氏が列島の一部を征服した史実や最近の日本帝国政府による全列島の公式併合などは、その南進の典型を私どもに示すものであって、交通通信の発達と、より強力な政治力が大規模な作用を容易ならしめている現代的な条件下になされたものなのでしょう。このように、我々もまた琉球を正確に定義づけることの難しさに直面するのです。すなわち、その理由としては、列島の「日本化」の程度が時代により一定しなかったからであり、仮に言語や習俗にその範を求めるとすれば、そのいずれの場合も果たして日琉間に存する類似性というものが元来同一のものであったことによるのか、あるいは借用によるものなのか、または、逆にその相違というものが本来異質のものであったことによるのか、あるいはまた、共通の過去をどちらか一方が忠実にその姿を伝え他方ではそれを消滅せしめてしまったという事実によるのか、それを言うのは決して容易ではありません。

原始日琉民族の影

琉球における原始日琉民族 Japano-Luchuan race 以前の民族がアイヌであったか否か、それを断言することは不可能です。そのような説を支持するものとして二つの場所名が日本の著名な科学者賀田貞一氏によって挙げられています。しかし、確固たるものとするには、それのみでは論拠が薄弱だといえましょう＊4。それより遥かに重要なことは、ドーデルライン博士が通常体毛の少ない大島の人々の間に毛深い者を多数発見していることです。私自身はそのような者を一人として見かけず、漁師の間でさえそうでした。しかし、もっとも毛深いヨーロッパ人同様、胴や手足のかなり毛深い人たちを数多く見かけたと同博士は強調されるし、その島での滞在が私の場合より長期にわたっていることと、一年のうちでも働く男たちが裸身をみせる時期（八月）であったことなどから氏の言われることはおそらく正しいものでしょう。この事実が紛れもないこととされれば、おそらく同様の結果を生んだかも知れぬヨーロッパ人との混血の例を何ら知らない我々は、アイヌの血が僅かながら今日依然としてこの遠隔の地に脈打っているかも知れぬとする考え方に何らかの裏付けを与えることになるかも知れません。

このように、時として見受ける例外を除けば琉球人は身体的には日本本土の人たちとほとんど同一ともいえる類似性を顕示しているのであって、そのことはまたモンゴール人の間に存するごく微細な差異に対してほかのいかなる外国人でも望みえぬような鋭い観察眼を有する日本本土の者の等しく認めるところでもあります。私自身、それに私と旅を共にした本土知識人の一人も同様の印象を受けたのであり、ギルマード博士の気づいたという琉球人の特異性というものは、主としてその衣装、結髪、剃髭などの相違に起因するものであろうと私はあえて提言しておきたいと思います＊5。日本人の類型に関しては Mittheilungen der Deutschen Gesellschaft für Natur-und Völkerkunde Ostasiens 第二十八号及び三十二号掲載になる“Die

Körperlichen Eigenschaften der Japaner" と題するバエルズ博士の勝れた論説中に余す所なく記述されており、ここではこれ以上述べる必要はないでしょう。

琉球人の民族的特異性

琉球の人々の最も顕著な民族的特異性は身体的なものではなく、道徳面でのそれです。それは彼らの善良な気だてと上品な物腰、控えめで従順なその気質、さらに人を手厚く遇するその親切心であり、暴力や犯罪に対しては、それを潔《いさぎよ》しとしないことです。一七九七年の難船の際、島の人々のまことに手厚い心遣いに浴した艦長ブロートンを初め、バジル・ホール、マクロード医博、ギルマード医博、そして本土からやってくるあらゆる人たち、はてはその成果は乏しいものであった、かの宣教師たちまでこの地を訪れる者は誰もが等しく好ましい印象を得て帰っているのです。私自身はといえば、高貴の方々から平民に至るまでその親切心以外の何ものにも接しませんでした。このように誰もが異口同音に賞賛の言葉を献上するただ一つの例外はペリー提督です。しかし、このことは彼自身がその手記に記している傲慢不遜にして横柄なその態度や乱暴な威嚇、そしてあらゆる国際法や儀礼の無視などということから考えて、たとえ琉球の人たちといえども堪忍はその極に達し、遂には弱きが強者と相対するに処し得る唯一の武器である欺瞞の術策に訴えざるを得なかったからとて少しも驚くにはあたりません。そしてその武器を振り回したことに対し、横暴な提督が彼自身に少しも劣らぬほど堂々と威厳に溢れる琉球の人々にみせる真面目な憤《いきどお》りは、その秘めたる諧謔のゆえにこの上もなく愉快な読み物となっています。

琉球の人々は頑健な民族としての印象を我々に与えるものではありませんが、それでも私は人々の間に何ら不具者を認め得なかったし、盲目の人にもまだ気づいていません。やや一般的とも思える身体的欠陥としては、兎唇《みつくち》だけでした。肥満者は極めて稀です。

注

＊1 琉球王府は独自の通貨鋳造の確立へと一度ならず働きかけたのだったが、日本側はこれに同意しなかった。

＊2 *Journal of the Society of Arts*（一八八一年六月三日）掲載になるJ. H. Gubbins氏の"Notes Regarding the Principality of Luchu"と題する勝れた論文を参照されたい。

＊3『東京帝国大学文学部紀要』第一号として発刊された筆者のモノグラフ *The Language, Mythology and Geographical Nomenclature of Japan viewed in the Light of Aino Studies*（東京、一八八七年）を参照。

＊4 最果ての島与那国にあるソナイ（祖納）、ヒナイというのがそれである。今日でもアイヌ人の多いエゾの地名にはアイヌ語で「川」を意味するナイの用いられる例が無数にあり、また一千年足らずの昔、アイヌが駆逐されることになった北方日本においても同様である。西表島にもソナイが存在する。

＊5 氏の興趣溢れる *Cruise of the Marchesa* の二七頁を参照されたい。

住民の風俗習慣

一国民の風俗習慣というものは広範無限の研究分野を提供するものであって、特にこの場合これまで琉球への渡航者によって明らかにされた点は軽く扱うにとどめ、新しい事象についてだけ詳述したほうが賢明だと思われます。例えばバジル・ホール、ペリーのいずれもその書中において琉球の衣装について説き、図示しています。彼らの記述している事柄は今日なお事実ですが、ただ琉球の独立が今や終わりを告げた今日、かの華麗な官服、官帽は最早やなく、西洋ズボンにフロックコートを身につけた東京からの役人がこの地を治めていることなどが例外ともいえましょう。日常琉球の人々の着用するのは、女性はもとより男性のものもゆったりとした外衣であり、本質的にはほんど本土のそれと変わりがありません。身分に応じて男性は頭髪を集めて結った片かしらに金、銀、あるいは真鍮の大きなかんざしを二本挿しているのが独特の相違を示すものとなっています。若者は階層を問わずすべて二十五歳に達するまできちんと髭を剃ります。それ以後は自由にあご髭や口髭を伸ばしますが、頬はたいてい従来通り剃り続けます。彼らの歩みは威厳に溢れ、その表情は厳粛で、しばしば愁《うれい》を秘めますが、老人のそれは時として柔和そのものであって、その風情はこの上もなく奥床しいばかりです。彼らの声もまた柔らかく低い。

女性の入れ墨と結髪

琉球の婦人はすべてその手に入れ墨をします。大琉球にみるその模様は図版にみる通りのものです。大島の女性は個々の趣向にまかせて入れ墨を施します。宮古島の女性も同様、種々多様なパターンを有し、上腕部に至るまで染めますが、八重山では逆に手だけに限られます。下層階級の婦人は髪を円く結い上げ頭上で巻き付け、そこへ金、銀、真鍮（時折り木製のものあり）の簪を挿しますが、慶賀の節などにはまれに鼈甲《べっこう》の場合もあります*1。銀製の簪を挿した者はまた銀の指輪をはめ、真鍮の簪を有する婦人は真鍮の指輪をはめます。丸く束ね簪を挿した髪を一定の位置に固定するものがなく、しばしば頭の片側へ垂れ下がり、しまりなくやつれた様相をみせます。概して平民に属する琉球婦人の風采はまず魅力に乏しく、特に女性の優雅あふれる彼の地、日本本土からやってきたばかりの者にはそうです（琉球の入れ墨、男女の結髪、琉球の墓、与那国の象形文字、すうちゅうま府木などの挿絵については訳者の旧編訳書『王堂チェンバレン〜その琉球研究の記録』を参照のこと）。

頭上に物を運ぶ奇風

着物は右前に着るのは勿論のこと、しばしば左前でも着用するようですが、極東の人々の目からすれば、これは甚だしい作法の逸脱ともいえましょう。冷え込む日には帯のないまま羽織をまとい、そのため風に大きく膨らみ、前後にゆらゆらとはためく。その足取りもまた大股で、これはおそらく荷をすべて頭上に運ぶというこの国の習慣からくる特異性なのでしょうか。人夫として働く婦人などこの方法で二百ポンドにおよぶ荷を運びます。この上もなく愉快な光景は、頭上に子豚を載せて市場へと運ぶ婦人の姿です。藁《わら》を平たく丸め、その上に豚を当てがい、しっかり縛り付けてありますが、その足が縦に突き出ているので、あたかも豚公が泳ぎの訓練でもしているかのようにみえます。ある日、ふと目をやりますと一人の買い手がやってきました。そこで子豚が一匹下ろされ、その持ち主はしっぽと後足でそれを持ち上げて品の良さを誇示しました。その様子はまるで子豚の泳ぎがダイビングの妙技にまで進歩したかに思えたものでした……。その女は一ドル五〇セントの値をつけましたが買い手の方は一ドル以上を払おうとしません。そこで私がその場をあとにする時には豚公は町中を揺るがさんばかりの鳴き声を張り上げながら、再びその藁当ての上に乗せられたのでした。いかに奇抜な流行、ファッションの女神といえども果たして女性の魅惑的な髪型に子豚を添えるなどという趣向に及んだでしょうか。奇妙なことに琉球では動物を足で歩かせるということに対しては一般に毛嫌いする傾向にあるようにみえます。豚が頭上に運ぶには大き過ぎる場合、男たち二人がその間に棒で吊るします。私のみかけた山羊も同様に運ばれ、ヨーロッパで我々のするように豚や山羊を追い立てるというような光景には一度も気づきませんでした。

貴婦人、平民の女性

那覇における生活の中心をなす市場はことごとく婦人の手によって占められていますが、彼女らは顔ばかりでなく腕や足までも何ら臆することなくさらけ出す。このことは、次に述べることと対照的であるために彼女らが社会的優位からかけ離れた存在であるということを一層顕著なものとしています。琉球の貴婦人はその生涯を全くといっていいほど人目を避けて過ごし、滞在全期間を通じそういう者は一人として私の目に触れなかった。しかし、知人のある男性を訪問した際、ふすまの奥でなにやら物音がしていたので、おそらくその家庭の女たちがこちらの気づかぬ所からこの外国人を覗き込んでいたのでしょう。この地で長期間過ごしたことのある本土の者もまた琉球の貴婦人を瞥見《べっけん》したことすらないと記しています。身分ある琉球の男子にその夫人や娘らの健康を質《ただ》したり、あるいは彼女らの存在についてそれとなく口にすることは、どのような形でなされるにせよ、この上もなく礼を失することになりましょう。高貴の婦人がその生涯の住まいである己れの家から外出することは稀有のことです。特別の事情があって、どうしてもそうしなければならない場合には、堅く閉ざした駕籠の中に人目を避ける。本土の方である沖縄県知事を私が最初に訪れた時、にこやかな彼がまず第一にしたことは、その美しい夫人に来客を知らせたのであり、夫人はといえば、西洋の女性であれば誰でもしたであろうと思われる仕草で最近彼女がこの地で求めた珍しい品々を私に見せてくれたのでした。これはまた何という違いなのでしょう。

遊郭、遊女

琉球の男性は退屈すぎるほどの貞淑な家庭から逃れ、より媚《こび》を売ることに慣れた女たちのいる歓楽街へと足を伸ばします。そういう女性の存在、その数はかなりなもののようです。彼女らは特定の遊郭に居を定め、唄や踊り、話術などの技芸を修めることに専心します。最近本土の一著述家*2が彼女らについて述べていることをここに挙げますが、その所説は私自身その場で確かめたことにより一々もっともであることが分かりました。

チェンバレンの琉球探求の旅は、彼を辻(ちーじ)の遊郭街へも足を運ばせている(チャールズ・レブンウオース原著、山口栄鉄・新川右好共訳『琉球の島々:1905』より)

「琉球の遊女は日本本土のそれとはかなり様相を異にする。彼女らは率直で他に諂《へつら》うことをしない。琉球にやってくるほんどの商人は皆その一人を囲い、商売上の諸々の取り扱い、管理に至るまでその一切を彼女にゆだねる。そして彼が去るに当たっては、自分に任せられていた品々を最良の値で売却する。そのため、いずれ再び自分の主人が戻ってきた際、十分満足のいく説明をなし得るのであって、このことには誤りや誤摩化しがない。その上、このような善行は虚栄心や利己心のゆえではなく、もって生まれた性向の結果なのである」

著者はなお続けます。

「彼女らは通常書き物、計算のいずれにも疎《うと》いのであるが、それでも縄に結び目をつくり自分らの記憶を助け、よって何十、何千におよぶ勘定を誤りなく処理するのである」

はちか正月

ある特定の祭日に、彼女らは一般大衆のために踊りながら町を練り歩きます。私の那覇滞在中、このような祭りの一つが催されました。その日は三月八日で、たまたま旧暦による正月祭礼最後の日、一月二十日に当たっていました。恐縮ながら私自身の日記からその日の部分を抜粋し、次に掲げることにしましょう……。

「朝、何か変わった行列と踊りが行われることになっていると言われ、早起きしそれを確かめようと急ぎ足で出かけた。人ごみであふれ、家々の屋根には多くの人影がみえ、ある者は墓の上にまで陣取っている。これの群衆は、ほとんど例外なく薄汚れ汗にまみれた下層階級の人々で占められていた。行列の通り過ぎるのを私は二度この目で確かめた。一度は日中人ごみに押されながら突っ立っているごく当たり前の人間として。そして今一度は一人の貴族として。すなわち、かの常に好感溢れる日本人警官の介入により特に私のために周囲の人ごみが払いのけられたのだった。警官は人々を引きずり、あるいは品物のように投げ飛ばし、かなり手荒く取り扱っていたが、珊瑚岩の塀の立ち並んだ、かの曲折の多い道の狭さではこのような手荒な手段をも必要とはしていた。行列の立役者はすべて女たちであり、その内幾人かは『遊郭』の主か躾《しつけ》役のかなり年老いた者、ある者はまた少女たちであるが、大多数は満面笑みをたたえ楽しげなうら若い女性たちである。彼女らには日本本土の女性に見る繊細なか弱さはなく、肉づきがよく健康的である。そして自分たちの艶《あで》やかな衣装と踊り～というよりはその身のこなし～を見物人が喜んでいるのを明らかに自分らも心ゆくまで楽しんでいるかのようだった。まず初めに通りの整理のつもりでもあろう、長い棒切れに身をかためた一人の人物がやってきた。というよりもその実、それは警官だったのである。次に初志貫徹を象徴するものとして広く知られる鯉《こい》の滝上りをあしらった一旒《りゅう》の旗が続き、すぐその後にはたてがみを垂れ、赤、黒、緑、薄紫の毛で覆われ鮮やかな緑色をほどこした豪華な装いの獅子が闊歩し、そのかたわらには真紅に身を包んだ踊り子数人と銅鑼《どら》を手にした女を従えている、さらに男装の女性二人がスコットランドの風笛にやや近い音色の角笛を奏でながら、その後へと続いた。行列の初めの部分はこれで終わった。次は玩具の馬にまたがった風をした女たちからなり、さらに次のグループには模様をちりばめた絹衣に身を包み中国人を模した人物が大勢いたが、その内のある者〜いやおそらくその全部が〜歴史上、伝説上の人物を象徴するものなのであろう。二人だけそれと判別しえたのは人力車に座した賢人太公望を引いて歩いている文王＊3であった！それは行列中唯一の乗り物だった。しかし、中でも最も滑稽な光景は五十五ないし六十歳ばかりの弱々しい仙女のような老女が昔の大和の役人の姿に身をつくり、狂わんばかりに踊りまくっていたことである。その後には真紅に紫のリボンで頭を巻き、うしろになびかした女子供の長い列が続き、それで行列の終了となった」

精霊の日、墳墓、葬礼

しかし、それでその時期の半ば公の行事が全部終わったわけではありませんでした。最初の月〜本土のおけるように七月ではない〜は一年のうちで人々が祖先の墓を訪れる時であり、東洋に住む西洋人が Feast of Lanterns「提灯の祭り」と呼ぶ行事の行われる時で、それは我々の万聖節、万霊節に相当するものでもあります。このような慰霊祭に使用する提灯は私が二月末にこの島へやってきた時、那覇の市場で売りに出されている品々のうちでも最も目に付くものの一つでした。おそらく衛生上の理由で、本来旧暦に定められた日から著しく逸脱して行うことになったのでしょう。いずれにせよ現在公的には夏期六ヶ月間は墓を開け洗骨することが禁じられています。

このように述べていますと、我々は次に琉球の人たちが死者を処理する方法について記さねばなりません。死者というものは、物事を単純に考えるヨーロッパ人の場合よりも、はるかに生ける者の心情の大きな部分を占めるものとなっています。琉球の墳墓はいかにも巨大で、いたるところにあり、漆喰のその白さは目映いばかりに人目を射、そのためそれは旅の者が島に歩を印する遥か以前いち早くその目を引き、また島にあっては行く所、常にその姿をみせています。そして船出の日、彼の視界に最後まで姿を留めているもの、それがその墳墓なのです。その昔、中国風の礼節を堅く遵守していたことを誇りとする琉球は、自らを「守礼の邦」と称することを快《こころよし》としています。しかしながら、「絢爛《けんらん》たる墳墓の地」とするのがより適切な呼称でしょう。物質的な面だけではなく、精神的にもこれらの墓~それは幾代にもわたる遺骨を納めてあるため、むしろ納骨蔵とでも呼ぶべきものでしょうが~は琉球人の生活の中心を占める存在となっています。それはまた、商業的にも役割を果たすことさえあるのです。というのは、琉球の人が金銭に困り、何とかその工面をしたいと欲する時、己れの入質し得る最上のものが一家の墓なのです。その金は絶対に返済しなければならないことを誰でも承知しており、そのためそれを元にかなりの額を工面することができます。埋葬する方法は少なくとも五百年前に中国から大琉球島に伝わっています。他の島々では時折《ときおり》死体の周囲を石で囲み、その上を長く扁平な石二個で覆うといった土地の古い慣例を留めている遺跡をみかけることがあります。その古い例は大島の人里離れた地域にみることでしょうし、やや時代の下るものとしては、時たま先島において人骨の突き出たままのに遭遇します。今日、大島の人たちは本土の様式に倣って一見我々の慣例とさほど変わらない墓標のついた小さな墓に死者を埋葬します。大琉球島では納骨式のものが普通に行われ、唯一のものとなっています。ほとんどが馬蹄形をしていますが、僅かながら長方形のも存します。いやむしろ馬蹄よりは司教冠のほうがおそらくその外形を一層良く説明してくれるでしょう。冠の部分が墓の本体で、一方、飾り紐は両壁に相当します。大抵珊瑚岩からなる周囲の土地とその高さを等しくするため、墓は地中に埋まっていますが、通常丘陵斜面に造られているために全面の空き地は一段と低くなっていて、そのために前壁全体の高さが分かります。前部には金属製の扉がついており、中庭には時として石の仕切りがおかれています。あの輝くばかりの白さは、それに用いられている漆喰《しっくい》によるものです。以前は墓を所有する家の身分によりその規格が定められていました。しかし、そのような規定が遵守されている様子には気づきませんでした。以下に、普通に見られるもの二例に関し、私自身の測定になる実際の寸法を提示しておきましょう。全面高さ九フィート八インチ、幅二十二フィート二インチ、壁に囲まれた中庭の長さ二十四フィート八インチ、全面開口部の高さ三フィート八インチ、全面開口部の幅二フィート八インチ、使用されている全石材の厚さ十六ないし十八インチ。

琉球人は英国あるいは日本本土においてみられるような共同墓地を持たず、また中国にみるような墓が半ば開口したままといった陰惨な光景も大琉球島には存在しません。各家庭それぞれ自らの土地に墓を築造し、故人に対しては絶大な崇敬の念が払われますが、一方、故人を身近に感じるということについてはなんら畏怖の念を抱かぬようです。馬上に身を託しつつ田舎道を往くと、農夫が先祖の眠る墓場〜いずれは己れもそこへ身をゆだねることを知っているその墓場の壁近く、ほとんどそれに接さんばかりに田畑を耕している姿を見かけます。

泣き女《め》

人が死亡するとその上に蚊帳をつり、人目に触れぬよう周囲にぐるりと仕切りがおかれ、悲しみにむせぶ身内の者が一人一人交代で死者の床を見守ります。葬儀には家族の者に限らず他の哀悼者たちが参列しますが、後者はもともと一門の召使いたちであったといわれ、現今では悲しみの極致をみせることをもって職業とし、生計を立てている人たちに変わってきたものだとのことです。この種の葬儀について私は本土の者、あるいは現地の人たちからしばしば耳にしてはいました。そして、とある春の昼過ぎ、かの小ぢんまりとして珠玉の美しさをたたえる識名在王家別邸への途次、私は突然田舎道を急ぐそのような一行に出会ったのです。僧侶を先頭に柩《ひつぎ》が続き、それから三十人ばかりの列が続きましたが、その内の五、六人はその顔を巨大な藁帽子で覆い人目を避けてはいますが、明らかに女性と知れる「雇われの哀悼者」たちだったのです。彼女らは芭蕉布の目の粗い着物に身を装い、この世のものとも思えぬ陰うつなうめき声をあげていたのです。そしてよろめくようなその足取りは傍らの者が両側から支えねばならず、あたかも持ち上げるかの如く、追い立てるかの如く急ぎ足で彼女らを引きずって行ったのです。職業哀悼者の技芸のうちその習得が最も至難だとされ、極めて名誉に思われること、それは鼻で激しく泣き立てることです。その不愉快極まりない「涙」〜敬意を表して一応涙としておきましょう〜を流すことにおいて彼女らは実に勝れた技量を習得するに至ると言われています。

洗骨と厨子甕《じーしがーみ》

墓に持ち込まれた柩は二年間密閉安置されます。三年目に今一度身内の者が集まり、近親者が泡盛と呼ばれる強い酒で洗骨し、それからその遺骨は土地の人たちがジーシガーミと呼んでいる陶製の甕に収納されます。ジーシガーミの価格は最も貧しい人夫たちのためには十六セントからあり、身分の高い者のためには一ドル二十セント（ほぼ英国価の二s三d＊4）までの各種あります。筆者はその各種の見本をピット・リバース博物館へ送付し*Journal of the Anthropological Institute*誌中に紹介しました。大雑把に言ってその甕は御殿型をしたものであり、蓮華や角をつけた鬼神（悪霊を払うことを目的とする）など、仏教の象徴ともなっているものによる装飾がなされています。クリーム色を帯びた白色、青緑色、それに黄褐色というようにその色彩は快い調和をみせ、目に柔らかい。一般に夫と妻の遺骨は同一の甕に納められます。子供や成人でも独身のままでいる男性や夫人のためには～もっとも東洋の社会ではそのような者はほとんど存しないが～半サイズの甕があります。一家の骨壷はすべて古い順に墳墓内の棚の上にまるく段々に配列されます。琉球王代々の墓は崇元寺仏閣にあり、その甕はそれぞれ普通の男子のものの十倍もの価格を有し、荘厳極まりないものと言われます。その仏閣への訪問は離島直前まで見合わせていましたが、その後、病のために惜しくも所期の目的を達することができませんでした。

祖先崇拝

仏閣そのものに関する限り、訪問を見合わせたことによって失うものはおそらく少ないでしょう。というのは琉球も朝鮮同様、仏教の勢力が強大でその宗教組織の華々しかった時代はすでの過去のものとなっていたからです。これもまた、一般的に言って極東地域全体が極めて神事に疎く、神霊の神秘性などということについてとやかく言ったりすることも極めて少ないのであり、琉球とてその例にもれるものではありません。本土の場合と同様、上層階級の人々のみならず、身分の低い人たちでさえ宗教的な事柄については無関心であり、僧侶の仕事として残されているのは葬儀の際、それを司ることが唯一ともすべきもののようです。那覇には小さな薄汚れた孔子廟があり、それに付属して学校があります。そこではかつて少数の若者たちが中国語の通事としての訓練をうけたのであり、依然として中国古典を用いた授業が行われています。列島中これ以外に学校らしいものが見当たりません。仏閣は数も少なく小規模で、大抵は荒廃したままとなっています。神道のいわゆる神社と呼び得るもののうちでは日本本土の者の手によって創設された那覇は波之上の突端にあるものが一つ、そしてそれに類似のもので大島は名瀬にあるものが今一つ、それら以外には例が見当たりませんでした。しかし、人里離れ、多くの場合見捨てられたまま木立に覆われているある種の聖地などは本土の神社に相当するものなのでしょう。すなわちそれは仏教でもなければ儒教でもなく、土地の人々の祖先代々の精霊に捧げられたものであり、そこはその信仰を象徴する荒縄で区切られています。そのような霊地には通常石が一個安置され、その下には古代の名士の遺骨が眠るといわれています。実際我々はここに極めて原始的な英雄崇拝、もしくは祖先崇拝の姿を見るのでありますが、それは霊性を尊ばないその民族性、そして儒教の侵入とによってそれ以上の発展を見ぬままとなっているものなのです。とはいえ、実質上全く宗教を欠く国民というのも存在するはずがなく、ある程度人々によって信じられているいわゆる迷信の類いがあるにはあります。街角のそこここここにおいて紙片を焼く慣習のあることがその何よりの証拠でしょう。中国に倣ったこの思想は、文字で記されたものにはある種の神聖なものが伴うとするもので、文字の記された紙片はいかなるものでも軽々しく始末すべきでなく、丁重に焼き払うべきであるとされるのです。しかし、琉球の焼紙炉は約四フィートの高さで、かなり小規模のものあって、アーチボールト・リトル氏がその著 ***Gorges of the Yang Tse*** に記しているような巨大で複雑にできたものではありません。

迷信

私はまた、先に触れた風習に従い死者の洗骨をするということに関連する迷信的な思想にも遭遇したのでした。ある日、たまたまこの儀式の行われている墓の近くを馬で通りかかったので、私は馬を降り、そこへ歩み寄ったのです。すると人々はクモの子を散らすように逃げ始め、馬方二人は私がこれ以上近寄らぬようにと哀願するのでした。二人の言うには、もし私が近づくと、ひとたび見知らぬ者によって追い散らされた死者の霊は再び舞い戻り安らかに眠ることがないだろうからとのことでした。無論私はその儀式をこの目で確かめようとの考えを諦めました。すでに喪中にあるその家族の悲嘆に比べれば私の単なる好奇心の満足などどれ程の意味があるのでしょう。

先島のある島々（八重山）では猪やネズミの被害に対し、土地の人々が山中に祈祷に出かけるという慣習があります。彼らはまた収穫期のまる一ヶ月は台風を招《よ》ぶことを恐れて漁をすることもなければ食用の海草を採ったりもしません。

写真を撮られることによって悪い結果を招くかも知れぬとして畏怖の念を抱くのは迷信的な観念として至る所で見られます。琉球に何年か引き続き居を定め、人々と親しく交わりながら、その心情を正しく究めれば、これまで記した諸事象に類する事柄が迷信研究家あるいは民俗学徒の前に数限りなく展開され得るであろうことは疑いありません。私はまた中国よりの借用物である龍その他の架空の怪物などといったものに対する観念が未《いまだ》に教養ある人々の間にすら存する事にも気づきました。しかし、これらはいわゆる迷信と呼ぶべきものよりも、むしろ未だ十全な発達をみぬ科学性に帰すべきことなのでしょう。

婚姻の奇習

琉球の人々の葬儀の慣習よりも一層風変わりなのは婚姻に関する彼らの仕来りです。「仲人」～結婚の仲介者とでもいうべき者～が初期の取り決めを終え、新郎宅から新婦宅へ結納が納められてから後の経過は次の通りです。午前一時か二時に花嫁は親族の者に見守られながら新郎宅へと案内されますが、その時間に意を用い同伴者をつけることの目的は、近所の者の不必要な好奇心を刺激し、とやかく言われるようなことがあってはならないとの気遣いからです。新郎新婦は酒の杯を交わし、新婦はその後すぐまた自宅へ連れ帰されます。この簡単な式が三晩繰り返された後、花嫁はさらに三日間両親の元に留まります。その間花婿はといえば、酒宴に打ち興じるため友人によって連れ去られるのです。この段階の目的は、男性側に関する限り今まさに結婚生活を始めんとするその門出に際し、妻の束縛から彼自身の独立を証せんとするものであり、一方女性側にとってそれは女性のあらゆる悪徳のなかでも最も悪しきものとされる嫉妬心など全く与り知らないということを誇示する機会ともなるのです。このようにして三日間を過ごして後、新郎は帰宅し、そこで花嫁に迎えられるのであり、彼女はさらに三日間夫と共に家に留まり、その期間が過ぎると自分の両親の元に帰り、その後を新郎が追います。花嫁の身内の者たちは馬を型どり、色とりどりの装飾を施した杵《きね》を備えて新郎の到来を待ち、彼はそれにまたがって家へ入ります。その間、近所の男子が打ち揃って太鼓、つづみなど音のするものを何でも打ち鳴らしてその到来に答えます。そこで一家をあげての盛大な宴が張られ、その後幸せな夫婦は帰宅し、この長い婚姻の儀にやっと終止符が打たれるのです。このように風変わりなやりかたで始められた結婚生活は妻があらゆる点で夫に従うゆえ、そのほとんどが円満にいくものといわれます。万一夫が他界すれば、妻はまず例外なく生前の夫の記憶に違わぬままでいるのであり、このことは女性の献身的行為として極東の地では極めて尊ばれていることの一つです。すなわち、そこでは男やもめは無論再婚し、今一度自らの安泰を求めることを当然のこととするけれども、未亡人の場合には、わびしくも一人でいることを世間は潔《いさぎよし》としているのです。

飲食品

甘藷（イモ）は琉球の人々の主要食品となっています。裕福な者は米、豚、牛、魚その他多くのものを食します。そしてその料理の一般的特徴は中国料理のそれに倣うものです。特に食料の乏しい年など、貧しい者は甘藷を食する代わりにサゴやしに類似の小さな植物～Cycas

Revoluta ＊5 ～の芯を水につけ潰した得た一種の澱粉状の食品で糊口をしのぎます。そして、すでに言及したように、それは利用に値しない土地の至る所に繁茂したままになっています。この澱粉が不健全な食物であるということに関する話は巷《ちまた》に溢れています。すなわち口臭のもとになるとか、腹ふくれるが栄養にはならないとか、それを食したのち、時として死に至る事がある……等々です。無論これらの話は割引して考える必要があり、注意深く篩《ふる》いにかけねばならないでしょう。各家庭でそれぞれ自分たちの食料を製造加工する多くの農民たちが澱粉の誤った拵方《こしらえ》をするとか、調理の拙劣さとかということに、おそらくそういう話の真相があるのでしょう。しかも澱粉を時には加工せぬまま、そしてある場合にはイモを捏《こ》ねたものと混ぜ合わせてダンゴにしてしまうというのが普通彼らのやり方であり、このような食品は頑丈な胃袋ならともかく大抵の場合重くもたれるということは十分ありえましょう。西洋風に調理すれば琉球のサゴはかなり美味で全く無害です。

彼らは中国の様式に倣い箸で食事をしますが、それを日本式に「ハシ」と呼んでいますので、この全く便利な道具が日本本土を経て彼らのところへ渡来したということは少なくともあり得ることでしょう。

泡盛と称される酒精飲料がありますが、これは中国の sam-shu に類するもので、米やキビ、粟から造られます。茶は他の極東地域同様、広く用いられますが、それを島の風土に適応させ栽培しようとの試みがあるにもかかわらず、この島での生育をみないようです。貧しい者は極めて品質の悪い茶をヨモギと混ぜ、沸騰させて用いることさえありますが、それは消化をよくするものだと考えられています。

生活環境、様式

琉球の人々は両足を交差させて座し、本土におけるように膝を両足の下におきません。また高級な家屋を除いては、日本式に畳を敷いてあるものは何ら見当たりません。その建築様式、調度品の配置はむしろ中国風で、壁は石造りです。部屋は狭くて低く、一階以上に伸びる家はほとんどなく、床は汚れています。家々は多くの場合珊瑚岩からなる石塀で囲まれ、それはプライバシーを守るにはいいのでしょうが換気の妨げになること甚だしい。不規則に建て込んだこれらの低く小さな家々の間をぬって狭い道路、いやむしろ路地ともいうべきものが延々と曲がりくねりながら続きます。それは時には泥にまみれた通りとなり、ある時はまたやや平板で大小様々な石が敷き詰められている通りとなります。通りの汚物は中国ほど多くなく、琉球はこの点でも、またその他多くのことに関してもそうですが、中国と日本本土との中間に位するもののようです。町の中心部には市場があります。いかなる形の乗り物も存在せず、同様にまた公衆のための街灯などもありません。時たま荷馬車のやってくることがありますが、そのような時にはまず通行人の方が注意してかからねばなりません。歩道とてなく、極端に狭いこのような通りでは衝突をもしかねないからです。

古都首里の景観

以上が琉球に見る町の一般的様相です。しかし、那覇は本土からの多数の役人、商人の居住によって、その清潔さや住み心地の良さには格段の進歩がみられます。また現在百三十七人の陣容を有する日本分遣隊司令部となっている琉球古来の王城を戴く古都首里は岩石に富んだ山上に位するその素晴しい位置のためにそこを風光明媚の地としています。王家の住居が現今の軍事上の必要から犠牲を強いられていることは事実ですが、その重厚な石造りの城壁は昔ながらの姿を留めています。中世へと遡るその昔、琉球が三つの小王国に分裂し、人々にはいまだ戦世《いくさゆう》として知られる頃、島のそこここに幾多の城郭（琉球の人々の呼ぶグシク）が現れましたが、それらは多くの場合、各地方の小領主や按司によって珊瑚岩よりなる自然の高所に造営されたものです。このような王城の幾つかは依然その廃墟を留め、風物に色を添えること大なるものがあります。地方に見る農民の小屋は、ほとんどが茅葺き屋根を有し、草を継ぎ合わせて作ったもので、いかにもみすぼらしい。しかし、それもどんよりとした気候の所へ移せばおそらくは見るに耐えないものでしょうが、このような温和な空の下で眺め、これほど静寂で魅惑的な風光のなかにもってくると、そのみすぼらしさもそれほど苦にならないのは驚くばかりです。私は乞食と呼び得る者をどこにも見かけませんでした。

畜　産

幾匹かの豚を有するということが農村の各家庭では不可欠のこととなっています。実際、かつての琉球王府下においては、掟によって各戸とも養豚と山羊の飼育が強制されていました、豚は目をそむけんばかりの不潔な方法で飼育され、部分的には排泄物を与えることによってなされます。だからその豚舎が珊瑚でできているとつけ加えると気紛れに述べているようにもとれましょう。しかし、そのことは多くの地域において事実なのです。

村落形態

村の近くには芝生に覆われた広場があって、しばしば山あいの空き地のような様相をみせ、琉球における村落形態の一部をなすものとして特異な点となっていますが、これはまたその昔他国よりの渡来者に首をかしげさせたものでもあります。「馬場」と言われているこの広場は他にも色々な目的に供されます。ここではあるいは米を広げて乾燥させたり、あるいは村会が開かれ、物々交換が行われ、裁きを執り行い、賞罰が決められ、祭礼の場ともなったりしたのでした。これと全く同じ慣例は日中いずれにも存しません。

文明開化の兆し

土着の習俗のあるものと痛烈な対照をなすものに、現今の日本官界ならばどこにでもみることのできるもの～例えば郵便ポストとか那覇から首里へ通じる電話などといった西洋文明の産物があります。また現在、村々の入り口には村の人口と学齢に達した児童数とが掲示されています。これは親たちを大いに恥じ入らすことにより、その子らを学校へ送るよう奨励しようとの目的を有します。このようなものは日本本土においてはみられず、この地だけにみるいわば窮余の策なのです。女子を進学させようと仕向けることは極めて至難なこととなっていて、先島となるとまず不可能に近いといえます。次表は一部の読者には興味があるかも知れません

（以下、データ削除、訳者）。

日本語は学校教育一年目に教科の一つとして教えられ、その後は他教科指導の手だてとして用いられます。しかし、このいわば統治者の言語の習得が不完全であるとの不満の声を私は数多く耳にしていますし、私自身の経験によっても那覇から遠ざかるといまだ国語を理解できる者が少ないことに気づきました。また那覇自体においてさえ、役人の地位にある者の間では日本語の知識が未だ哀れなほど不完全であり、浅薄です。他の国々においてもそうですが、ここでもまた何時間かの学校教育ではすぐさま家庭からの影響に打ち克つことができず、そのことは常に正しい方向へのブレーキともなっています。琉球の人たちの日本語のアクセントはかなり特異ではありますが、響きが悪いというのでもありません。私にはそれは朝鮮語のアクセントを想起させるものでした。

交通機関

徒歩よりはやや疲れの少ない方法による交通機関を利用する余裕のない者を除けば、琉球では誰も足を使いません。富める者は決まって駕籠《かご》～人夫二人の支える木片上に幕をめぐらし椅子を据えたもので、本土の駕籠よりも中国の肩かごに類似のもの～を利用するか、さもなければ馬で往きます。私の好みは通常後者の方でした。といいますのは、カグは揺れますし、視界の妨げとなるからです。小型種の馬についてはすでに触れました。それは全く掛け替えのない小動物で、その耐久力と従順さは良く体の大きさを補うものとしています。どのような蹄鉄《ていてつ》をもつけていず、この地ではヨーロッパにみる金属製の馬蹄や本土のワラ製の足当てのいずれも知られていません。にもかかわらず、路面から絶えず針やピンのように珊瑚岩の突き出た甚だ悪条件の通路を～琉球ではこれが公道の役を果たすのですが～いとも敏速に、そして正確に突き進むのです。なるほど、強いてそうしなくてもいい者は誰も徒歩で往くことをしないのも不思議ではありません。

日本本土のある地方、特にエゾの地では二十頭、三十頭と連ねて馬を駆り、先導の馬一頭に多くが従うというように全てはリーダーかそれに追従するもののいずれかです。そして後続のものがある時、己れの直前にも他の馬の気配を感じぬ限り、この頑固な動物を進めることはまず何をもってしてもできるものではありません。馬が単独に道を往くことに慣れている琉球では、このような厄介な状態は存在しません。地元の木製の鞍は、しかし、座り心地の悪いこと甚だしいので、旅の者は自ら鞍を携えるがよろしい。

琉球における交通機関の拙劣さについてはすでに触れました。なるほど那覇港と首里を結ぶ幅広い立派な道路が一本あるにはあり、政府による距離表示標はその距離を一里十一丁二十六間二フィート一インチ（！）（英国式には三マイル半程か）と、いとも正確に記しています。もっとも正確さを欠けば近代的日本政府の意味を失うのでしょうが……。さらに現在、首里から与那原《よなばる》と呼ばれる東海岸の村へ数マイルの道路が建設されています。これらの例外を除けば大琉球島には上述のような狭隘な通路のみが存するのであって、丘陵に富む北部ではそういうものにさえ欠けるようです。

西洋風の設備は無論どこにも見当たらず、和風の旅館が那覇と名瀬港にあるだけです。首都には外来者のための設備一つなく、日本本土旅行記に広く描写されている、かの快適な風呂とか笑みを湛えた茶屋の娘たち、それに盆一杯に細かく盛られたあの風変わりで見た目にも美しい料理など何一つありません。琉球内を往く旅の者は、馬かもしくは人夫を使いあらゆる物を自ら運ばねばならず、本土の役人たちがこの国を巡ることを余儀なくされる時、多くの不満を醸《かも》し出すことになります。彼らはできるだけ村役場か学校に宿泊するのですが、それも北部になるとテントを携える必要があります。先島では船の中か船着場の事務所に宿泊します。琉球の旅と日本本土のそれとが互いに共通する唯一の点と言えば、礼儀ただしさ、いやそれだけに留まらない田舎の人たちの親切心にあると言えましょう。

海上運輸

道路に乏しく、しかも海岸線に富むこのような国では船による往来がごく普通のことになっていると我々は考えがちです。しかし、大琉球島では必ずしもそうでないようです。最も糸満《いとまん》（六百人ほどの住民を有する部落）の漁夫らは加計呂麻島の沿岸で盛んに取引を行い、数ヶ月も家を留守にし、一月と七月の月だけそのようにして得た金を携えて帰還します。その船は通常それぞれ三人まで乗り込める一種の丸木舟で、まとまった数の人たちで利用し得るようしばしば三、四艘まとめて縄で結びつけてあります。これらの船は櫂《かい》であやつられ、容易《たやす》く転覆できますが、また元にするのも容易です。山原船《やんばるせん》として知られる帆船は二本の帆柱を有し、その構造は中国のジャンクに近い。全長九十フィートを越えるものはありません。造船用材質の多くは本土から輸入され、あとは本島でも最も森林に富む山原《やんばる》、くんぢゃん、地域からのものとなっています。島の南部で利用される薪、炭のすべてもこの地に産するものです。既製の船を本土から輸入することも少なくありません。私が那覇へ旅した汽船はそういうものを三艘積載していました。

日本本土、大島および大琉球島内の汽船による往来は現在日本郵船会社によって一年を通じて行われており、十八日に一回神戸より鹿児島、名瀬、那覇へと至り、更に折り返し同一の航路を往きます。設備は西洋風で船中料理は和風ですが、和食でもいい方のもの。貿易品の輸送には小規模な本土船会社二社および琉球現地の一社とが競い合っています。輸送品目中、黒糖は他に比し遥かに重要なものとなっていて、そのため二月から六月にかけての多忙を極める製糖期には余分に船舶の運航がなされます。その航行途上では悪天候を経験することが珍しくありません・那覇港はまた極めて条件が悪く、船舶は満潮時にだけ出入港が許されるのであって、船は常時岸壁に係留させておかねばなりません。より勝れた投錨地のえられる運天港が琉球の主だった町々より遠隔の地に位するために事実上無用の物とならざるをえない情況にあるのは残念です。先島との交通は小型汽船一艘によるのみで、毎月二回那覇から宮古島の狩俣を経、石垣島へ二日がかりで往きます。少なくともそれが予定の運行スケジュールとなっています。石垣以南への定期便はなく、郵便の配達も行われません。

島人《しまんちゅ》の気質の実像

筆者は本稿冒頭において県令および前警察署長は私が教えを乞うために非常なお骨折りをいただいた方たちのうちのお二人であるという事を述べました。この人たちと談話を交わすうちに時折《ときおり》統治上の諸問題が話題となることがありましたが、この人たちの長い経験、それに私の話した本土役人たちの誰もが異口同音に証言してくれたことなどから、かのバジル・ホールが島の人たちの従順さとか暴力犯罪の知られぬことについて明言していること~特にかのペリー提督がこれらの賛辞およびその他数々のことどもを昔の英国探検家たちの「架空の物語」に過ぎぬ、と決めつけていたことども~については、いかにもバジル・ホールの言明の方が真実であるとの確信を得たことは興味深い事でした。軽窃盗罪のみがそれと知れる琉球の至らざる点ともすべき唯一のものであって、これは誰もが認めるところであります。あとは昔から「ただ扇子片手に」土地の政治がとり行われてきたのでした。今でも全列島中、刑務所は一カ所を数えるだけです。「今、仮にどれほどの人が拘留され、またいかなる理由によるものなのか調べてみましょう」とある日、年を召された温厚そのものの県令が私に語ったのでした。調査の結果は次にあげる通りのものでした（以下データ削除、訳者）。

一件だけみえる女性による殺人罪の原因は嫉妬。一人の男をめぐり女性二人が争ったもので、西洋ならばさしずめ逆のことが考えられるところでしょう。琉球の人たちが掟、律令に従順であることの原因は～これは甚だ重要なことなのですが～一つには幾世紀もの間続いた穏健な政治にその因の一端を窺いえようし、また一つには刀などの武器を携行しない慣習の故でもありましょう～ごく近年に至るまで本土の者が些細なきっかけをもってさえいきなり抜き払う衝動に駆られがちであった、その刀です。また一つには、いやむしろ主として生来善良、もの静かで極めて控えめであるかにさえ見えるその気質によるのでしょう。これは琉球民族にはおそらくマレー系の血の混入がなかろうことを琉球の言語が証する以上に明確にそれを裏付けるものでしょう。刑務所の件で思いつくままに次の次第を付け加えてもいいかも知れません。と言いますのは、日本政府当局は罪を犯した者の髷《まげ》を落とし、日本式に顔を剃るように仕向けているのですが、それは男たちの間にみる琉球固有の髷を廃止させようとの意図からなのです。しかし、前科者と見間違えられることを潔《いさぎよし》とする者のあろうはずがなく、それは全く逆の効果を生んでいるようです。この例には日本側の意気込みに明らかな行き過ぎがみられます。

主産業

琉球の主産業は甘蔗の栽培です。日本本土へ砂糖を輸送する汽船会社三社にしてもそうですが、実際琉球諸島はその存在を砂糖によって保っていると言ってよいでしょう。大琉球は製糖高が他の島々をはるかに上回ります。一八九一年にはひと樽百三十斤*6詰めの二十四万個を輸出し、一八九二年には二十万個でした。一八九三年には前年の僅かに七十%の収穫しか見込まれていません。しかしながら一八九二年には斤当たり二銭八厘　または三銭、そして一八九三年の初めには五銭二厘または五銭三厘というように価格の変動が激しく、そのため収穫の少ないことが直ちに収入源につながるということでもありません。製糖工程はおよそこれ以上原始的なものもなかろうと思われるほどのもの。大抵荒削りの木片を木製もしくは鉄製の軸上に固定し、歯車でさらに他の巻き軸二個を回すよう仕組み、男一、二人が棒切れで馬か雄牛を駆り立ててその木片を引きながらぐるぐる回す。そしてその間、他の男たちが圧搾機にキビを差し込みます。このように圧搾して得た汁はその場で煮沸し、その後凝固させるため桶に注ぎ込まれます。琉球の砂糖は黒色を呈し品質も粗悪です。それらはほとんど本土大阪へと搬出されます。琉球における糖業は紀元十七世紀にまで遡ることができ、当時中国に学んだものです。

砂糖や先に言及した中国の sam-shu に類する泡盛と称される強い酒のほか、琉球はまた通常夏期に着用するものとして本土で極めて珍重される種々の織物を産します。各島それぞれ特産を有し、濃い地色に明るい斑点や綾模様を有する絹織物は久米島産紬《つむぎ》（より品質の劣るものが大島で作られます）、木綿の絣《かすり》は大琉球の産が青で茶は八重山のもの。青と白のバラエテイーに富む麻の細上布《ほそじょうふ》は宮古の産です。さらに芭蕉の繊維でできた大島産芭蕉布などがあります。これらはいずれも西洋人の趣向に適うものではなさそうです。また原始的な方法をもってしてはこれら種々の織物の僅かに少量のみを産するに過ぎません。平均価格は次の通りです。琉球絣一反（約二十八フィート）三ドル二十五セント、青絣一ドル五十セント、茶絣一ドル二十五セント、白細上布十ドル、青細上布十五ドル、芭蕉布一ドル。東京ではそのような価格の約二倍を支払わねばならず、優良品ともなりますと琉球でさえさらにそれ以上の高値を呼びますが、すぐれた麻織物として人々に喜ばれる細上布の場合が特にそうです。その昔、細上布を織るに際しては実に精巧な配慮がなされ、最上の品質に仕上げるには乾燥期にのみその作業がなされ、そのため長さ一反のものを一本織るのに時として三年を要したのです。このような品は大琉球島の王府に貢物として送られました。琉球絣を織るのに用いられる木綿の多くは日本本土から輸入されていることも付け加えておきましょう。

深紅の琉球漆器は近隣諸国において珍重されますが、鮮明で豊かなその色合い、それに主として菊などの花をあしらった地味な浮き彫り模様とによってそれと知ることができましょう。

品質の劣るものには豚の血が塗りの成分の一つとして加えられます。紫は装飾にしばしば用いられる色となっています。古くは風景や人物なども模様として採用され、このようなものをあしらった大型で見事な製品が入手できたものですが、今日ではそういうものは稀です。実際、展示博覧会だとか量産と安価なものとを求める現今の二重の呪うべき傾向は芸術全体の堕落を招来することとしています。那覇一流の店舗を私が訪れると、シカゴ博覧会との関連で米国向け輸出用として制作された恐ろしく巨大にして朱色を呈した漆器製朝食用カップ、皿類それにスプーンと全てが西洋風の形をした奇形児で店が溢れていました。風俗や道徳面でもそうですが芸術に関してもまた西洋文明は東洋の芸術を退廃堕落せしめることなくしては接触を保つことができぬという状態をみるのは何と恥ずべきことなのでしょう。このことは、しかし、今我々の問題にしていることではありません。琉球の産物はそれが天然の物であれ加工品であれ、いずれをとってもそれほど重要性を有するものではありません。文化生活に最も必要なあるものは国外よりの輸入に待たねばならぬのであり、例えばすでに概略触れたように、その多くが造船用に供されることになる材質なども日本本土から取り入れられているのです。

芸能文化

琉球の演劇は従来おそらくどの来航者の目にも触れ得なかったものの一つでしょう。それはほぼ日本演劇発生初期の段階に近い状態を顕示しており、極東文化の研究者にとっては特殊な感興をそそるものを秘めています。事実、琉球の芝居はその形こそ洗練されていませんが、筆者が十三年前ほど前に『日本上代の詩歌』と題する小品の中で翻訳紹介した能の謡《うたい》および能狂言と称される中世日本の叙情歌劇と実のいとこ同士の位置を占めるものなのです。「芝居小屋」の内部構造もしばしば同一の形態を示し、三方を観客用座席で囲まれた方形の舞台がある一方、左側後方には一種の渡り廊下、橋がかりに類するものが化粧室へと通じています。主な相違としては舞台前部が窓一個のついた二段になっていることです。日本本土の能は主として貴族の保護を得、またその作品の記してある古い韻文を解するのも彼らだけなのですが、琉球の貧しい兄弟分は逆に下層階級の者に人気を博しています。観客は起伏のある木片の上に無造作に敷いた薄汚れた敷物に腰を下ろすのですが、後方の者の視界を妨げぬよう後部をやや高くしてあります。観客はタバコを吸い、弁当を食べ、出入りをほしいままにし、子供たちは役者に構わず泣きわめき、遊び回ります。三流の劇場ではまる一日分の入場券が特定の予約席を除けば僅か三銭か四銭に過ぎません。私が最初出掛けた際、僅かばかりの台詞《せりふ》に盛り沢山の唄や踊りの入り交じった出し物からは特にこれといった印象を受けることができませんでした。ただ舞台わきに張り出された劇名によって、それがこの地の古い歴史に基づくものであるということだけは分かりました。しかし、しばらくして、よりよい機会に恵まれました。すなわち、とある一流劇場において琉球の若い王子お一人、それに現地および本土双方の面々からなる那覇の指導者たちの参加になる集いが催されたのでした。私どもの招きに与った主催者側の好意により我々外来者（すなわち内地の方と私）が劇の進行に容易についていけるよう劇を和文にした台本を提供していただいたのでした。その日、結局二十を数える出し物がありましたが、いずれも先に記したように本土の能およびその中間に行われる狂言を想起せしめるものでした。物語の筋はすべて単純素朴で前者のグループに属するものはある種の説話をもとにしたもの、そして後者の場合は喜劇、漫談の性格を帯びるものでした。物語のあるものは、例えばミットフォードがその著『日本の昔話』*Tales of Old Japan*にて実に趣《おもむき》のある筆致で訳した「こぶ取り爺さん」の物語というように本土でも広く知られるもの、他は独自のものでした。劇のある部分は舞台裏の合唱でなされ、必ず舞踊が伴います。時として踊りはそれ自体主要な出し物の一つとなっていて、極めて美しく、大抵は姿勢を正した特定のポーズを示すものであって、どれも西洋バレーのように激しく敏速なものではありません。通常踊り手は四人を数え、時にはその倍数のこともあります。用いられる楽器は弦楽器に笛、太鼓です。これらは中国風の演劇の場合のように耳をつんざくばかりに打ち鳴らすのではなく、文字通り奏でるのです。そして音楽は中国や日本のそれよりもやや西欧のそれに近いもののように思われました。それは、しかし、単調に過ぎ、ある文句をいやという程繰り返すのです。私がここで弦楽器といいますのは琉球では蛇皮線として知られるもので、巨大なヘビの皮で覆われています。紀元十七世紀頃、この琉球蛇皮線から今日より広く知られる日本の三味線が発生したのですが、琉球のこの楽器自体もおそらくそれほど古いものではなく、本来スペインかポルトガルの楽器が福州を経て影響を及ぼした可能性もありましょう。蛇皮線や三味線を用いた器楽は他の楽器でなされる琉球、日本本土の音楽に比し明らかに東洋的要素が少ないです。

上流階級の琉球人にとっては和歌や漢詩などの作詩ということが余暇を過ごすのに最も好んでなされます。そのある者はほんどの詩作家同様卓越した才をみせます。琉球語による詩歌は多くの場合農村に生きる者たちのためにあって、それぞれの村において古来伝承になる特定の詩形が大事に守られています。それは澄みきった小川や汚れなき空気、あるいは古木を讃えるものであり、その他愛郷心に燃える村人の我らが村こそこの世の楽園なりとの信念ともなり得るような、特に愛着を覚えるものの多くが歌にされ伝えられてきています。このような地方の愛郷詩のほか、お国言葉による恋歌もまた勿論存します～思えば久しくこの世に行われる言語中、この種のものを欠くものがあるでしょうか。最も好まれる琉球の詩形は四行詩からなり、初めの三行が各八音節、四行目が六音節でその形式は中国および日本本土における詩作家たちの用いるもののいずれとも異なるものとなっています。

娯楽

上流、中流の人たちが好んで行う今一つの娯楽にはその昔バジル・ホール、ペリー両人も気づいている通り、行楽宴会があります。原始的な形でなされる競馬もまた盛んです。これらの他にも西洋碁、西洋将棋に類するると思われるゲームがあり、その他極東全域で普通に見られ、実際広く文明社会共通のものと思われるものが存在するようです。ビリヤード、トランプなどのような特に西洋的なゲームはいまだこの南の島への浸透をみないようです。もっともこれらは今や日本本土においてはすっかり根をおろしてしまっています（実際ビリヤードなど日本人の方が英国人よりも覚えが早い）。子供たちの遊びのうち、よく私の目にとまったのは凧揚《たこあげ》だけでした。

琉球の言語

那覇滞在中、私は寸暇を惜しんでその言語の懸命な研究にあたったのであり、そのことはとりもなおさず私をこの町に強く縛り付けていたことなのでした。といいますのも知事のご好意によって連日私のために何時間かさいてくれるということで提供いただいた通訳二人のうちの一人がこの事に関しては最も有能な手助けとなってくれるということが分かったからであり、来訪の主目的が言語学的調査にある者にとってこのようなことを軽々しく看過すべきでなかったのです。この言語の文法的研究は従来なされたことがありません。いわゆる手引きともいうべきものとしては、官立の学校で使用するために刊行された本で文体の極めて堅くるしい日琉会話書、それにバジル・ホールの著作に付された語彙だけでした*7。しかし、後者は恐ろしくも驚嘆すべき代物であり、事実上単なるpidgin（俚言）に過ぎず実用的な手助けとなるものではありません。ここはその詳細に触れるべき場所でもありませんし、それについては他日より適切な機会にその発表を見るでありましょう。ただ琉球語はイタリア語がフランス語と関係を有すると同程度に日本語との親族関係を有することを証するものであることをのべておけば十分でしょう。両言語間における意思疎通はかなり難しく、音韻組織および文法上の詳細のいずれについても相当な相違が見られますが、フランス語およびイタリア語がそうであるように文章構造が事実上二者同一であり、各々の言語を究明すれば互いに光明を投じ合うこととなりましょう。全蒙古語系言語中最も重要な品詞となっている動詞は琉球語にその古形を留め、それは我々の知り得る最古の日本語～すなわち紀元八世紀のそれ～からはすでに姿を消しているものです。日中二大隣国による政治的抑圧の結果は、不幸にも文芸的な目的には中国語ならびに日本語を使用する慣習を養うこととなり、漢字、仮名のいずれをもってしても表記し難い土地の言葉をほとんど排除するまでに至らしめています。琉球の人たちは自分たちだけの完全な表記法といえるものを持っていません。しかし、近年に至るまで何か実用的な目的を有したと思われる原始的な記録法二例の存在が知られていたのであり、おそらく先島諸島には依然その残影を留めるでありましょうが、これについては従来西洋には何ら伝えられていません。その一つは与那国にみる象形文字です。通常取引にみる品目に対し次の記号が用いられています（図については、訳者の『王堂チェンバレン～その琉球研究の記録』を参照＊8）。仮にこれらが全く独創的な思考の結果であるとみて差し支えないとすれば、これら諸記号の研究家に与える興味は極めて強烈なものとなりましょう。このように辺鄙な地で文明社会の助けなしに思想を目に訴えるという問題を独自に解決していたのだということはまさに驚嘆すべきことでしょう。しかし、我々は何らの差し障りもなしにいきなりこのような結論を下す事はできません。島の人たちは中国語を解し得なかったことではありましょうが、漢字の存在についてあるいは耳にしていたか、いやおそらくはその実例をその目で確かめ、こうして考え方の示唆を得、実際に独自の方法を工夫し始めたものと考えた方がより自然でしょう。

与那国の「象形文字」、「すうちゅうま」、「結縄」

このことは、この地以外の世界に見る事象、すなわち西洋のアルファベットに関する漠然とした知識がややそれに類似した独自の文字を生み出していたこと、さらに与那国象形文字にみる一、二の字体、わけても漢字「人」を想起せしめる人間の意の表意文字などといった事例により蓋然性のあることとされます。数値は独特な方法で表されます。例えば大雑把に描いた円形は通常「卵一個」または「何個かの卵」を意味しますが、「卵十個」、「卵二十個」はそれぞれ特異な表示法でなされます。

琉球独自のもので「すうちゅうま」として知られる今一つの表記法は、より広範な重要性を秘めるものです。これは琉球の農村地域および先島、特に宮古島において漢字の知識に欠ける者の間で通用していました。すうちゅうまを構成する数字は木炭その他手元にある材料を用いて木片に記入がなされ、数量の表示および税額の算定その他これに類する諸々の事柄に関するその地方の会計記録に供されたものです。このようにその大部分は数値を表記したものとなっています。東京帝国大学理学部人類学研究所保管になるすうちゅうまの実例六個に関する詳細な論考は *Journal of the Anthropological Institute* 誌掲載のため保留しますが、所長坪井正五郎氏のご好意により、差し当たりそのうちの一個の複写を英国地理学協会に提供することができた次第です。右方にみる大きい方の記号のみが現物本来のもので、左側に小さく付記してあるのは日本語（漢字）による解読で後から書き加えられたものです（以下の図例についても訳者の『王堂チェンバレン〜その琉球研究の記録』を参照）。

すうちゅうまの様式は次にみるように勘定する品目によって異なった形状の数値を有します。すなわち、「百」が「文《もん》」と呼ばれる小単位の額に適用される場合には点一個で代表されますが、それより額面の大きい「貫」を記さねばならない時には、その点を丸で囲んだものとなっていることが分かります。しかし、最も著しい特徴は「五」を示すための「十」（中国、日本で通用している文字）を切断した形であり、「五」は時には（十の半分）、ある時にはまた（枝の一つ欠けた十）の形で現れます。「五」と「十」の間の数は「五」に点もしくは線を加えて形成されます。「八千貫」に相当する記号がこの方式による以上二つの特徴を例示するものであり、「一万」を二分した記号に「二千」の横線一つを加え三つにした記号とを組み合わせたものです。すなわち八千は一万の半分（五千）プラス三千で表されます。同様に七百は一千の半分（五百）プラス二百です。すうちゅうまの実物はそのほとんどが図示したものよりは規格が大きく、より徹底した記入がなされています。大型の木片のあるものは四面を次のように分けてあります。すなわち第一面には金銭勘定が当てられ、次面が米勘定、さらに他の一面が薪勘定、第四面が村名に当てられますが、後者には漢字による記入がなされています。この中には貢納の義務を負う各家庭の名称がそれぞれ独特な符号で記されています。

この項を終えるに際し、琉球はまた極めて古い時代には会計勘定をなすのに結縄を用いたことがあるとされていることも述べておくべきでしょう。隣国中国で結縄の行われていたことは無論あまねく知られるところです。

奄美、先島の風俗

琉球国が過去三世紀にもわたって日本本土と密接な関係を保に至っていた一方、先島はまたかなり隔絶されたままでした。土地の者が東京に地を踏んだのが一八九三年十二月であり、幾人かの者が課税関係の嘆願書を国会に提出すべくやってきた時をもって嚆矢とします。賀田貞一、田代安定両氏による先島諸島に関する記述は人々の風俗が大琉球島の人たちのそれとほとんど変わりないことを示していて、ごく詳細にわたる点を除けば食物、家屋、宗教、行政区分なども同様であり、両者同一の記述をもってしても差し支えないことが分かります。同様のことは北方の大島についてもいえ、風物一般を特徴づけている植物相はもとより婦人の入れ墨や風変わりな結髪も琉球的特徴を示しています。しかし、先島での経験の長い、ある役人が私に伝えてくれた次の諸特質には注目したい。これらの島のあるものは森林が豊かで、そのため人々は食物の調理には薪《まき》を燃す。また肉類もより豊富であり、特に鶏肉がそうです。そこでは多くのタバコが栽培され一八九三年には八重山だけでも四万ポンドを輸出しています。女性はやや袴《はかま》（両またに分けられた和製スカート）に類似のもので、パジャマズボンのように腰を紐《ひも》でまいてとめたカカムと呼ばれる衣装を着用し、その上に袖無しの上着を纏《まと》う。下層階級の女たちは大胆な馬の乗り手で、西洋風に鞍上で横向きに腰を下ろします。そして片手には鞭《むち》を、その背には籠に入れた買い出しの品々を吊り下げています。

婦人が懐妊すると時として犬の肉を食します。産後はいかに酷暑の候であろうと、すぐさま部屋に火が点され母親と赤子の二人を一週間もの間でき得る限りその近くにおく。また親戚友人が集い連日連夜、夜を徹して太鼓その他の楽器で音楽に打ち興じるのであり、そのため哀れにもその親子二人は払暁をみるまで一睡もできぬこととなります。この野蛮な風習は大琉球島では今や廃れてしまったが、以前はこの地においてもみられたようです。本土出身の首里役所長より拝聴したやや風聞に近い説明によりますと、与那国の幼児は母親の首のまわりに吊るされたチクミヤーと称する一種のつり包帯で母親の背に運ばれます。そのことを私に教えてくれたいささか饒舌に過ぎるかとも思われる役所長はこの方法の勝れている点について滔々《とうとう》と語ったのでした。彼によりますとこの方法は婦人が不当に幼児を押し付けんばかりにその背に運び、そのため乳を与えることすらできぬような風習を有する日本本土はもとより、世界中至る所に知らしめ広く行われるようにすべきだとのことでした。不思議なことに今一人の友人で七年にわたる先島在住の経験を有する田村熊治氏はこのような習慣が存在しないと断言されます。しかし、このことは琉球に関する事項で専門家の間に意見の相違をみると思われる唯一の点です。これらは今一度琉球を訪れ主要な島々の一つ一つに十分余裕をもって滞在したいという私の宿願が実現できなかった場合のために記しておくに過ぎません。

尚順王子らとの会見

那覇と首里における日常社会生活を私はこよなく楽しいものに思いました。上流階級の人たちは、することとて余りなく、書を読むことも少なく、動き回ることがほとんどありません。そのため彼らは互いに歓待し合う時間にこと欠きません。たまたま群島の主要人物である知事と警察署長の二人がこの地を去ることとなり、その両人への敬意を表して催された宴会の幾つかに私も与りえたのでした。前琉球王の第三子尚順王子（通常本土の者が彼を称していう松山）が私との接見を希望しているとの伝言を受けたのは三月十一日の夕刻、一人自分の宿に座している時でした。警官の案内で指定の場所～那覇のとある茶屋～へ行きますと、そこには伊江および玉城《たまぐしく》と称する華族の方々お二人を従えた王子がいらしたのでした。日本語でなされた話し合いには格式ばった堅苦しさは何一つなく、東京での教育をも受けられた王子は非の打ち所のない日本語の話し手です。王子の傍らに控えておられるお一人も流暢な日本語を話されましたが、今一人の方は数語を口にされるだけでした。話し合いの多くは一八一六年に私の祖父バジル・ホールがこの地を訪れたことにまつわるものでしたが、それについては現地の記録が依然残存しています。

その後一両日を経て私はその王子尚順及び侍従の方々の屋敷を訪れました。琉球のそのような邸宅の外観は特に強烈な印象を与えるものでもなく表門は常に無愛想に閉じられたままです。しかし、ひとたび屋敷内へ入りますと、そこを訪れる者は本土に決して劣らぬほどの礼節あふれる雰囲気のなかにいることが分かります。畳や装飾用掛け軸などのある部屋の様子も日本本土のそれを想起せしめるものがあります。みな床《ゆか》に座しますが、これは一層日本的な点です。しかし風変わりな点といえば応接間～それは、この快い気候のもとでは無論外気に開け放しのままになっているのですが～のすぐ外側の中庭に終始いやな泣き声を上げている闘鶏を入れたカゴが置いてあることでした。本土にみる魅惑的な女中さんはそこにはなく。うやうやしく頭《こうべ》をたれ、茶と何かあやしげな菓子を運んできた男がその代わりを務めます。我々の出入りする際、部屋の隅や衝立ての上から覗き込んでいる大勢の子供や男たちの姿に気づいたのですが、女性の影はどこにもありませんでした。

その後、いくたびか往来が続き、劇場その他で共に過ごすうちに何日かが経過しました。盛大な野外競技会の行われたある日曜日のこと、首里城配属中の日本分遣隊兵士による軍隊競技などがあってからわれわれ一行、すなわち知事に警察署長、軍司令官および将校連、それに私は前琉球王のご長男であられる尚典王子（彼の所有する地所にちなんで中城《なかぐしく》とも称される）による和風の盛大な祝宴に招かれたのでした。見ると王子はその令弟尚順および主だった華族の者二、三人に伴われていました。三十歳ばかりにお見受けした上品で温厚そのものの容貌をしたその祝宴の主は残念なことに自国の言葉以外には何もお話にならないのでした。我々の琉球語とて同じ事、流暢で不自由なく話せたわけでもなく、実際私どもの幾人かが知っている言葉といえば「別嬪」という義の「チュラカーギー」一語でした。琉球へ初めてやってくる者の最初に覚える言葉の一つです。せいぜい我々にできることは微笑を投げかけ、おびただしい酒（米で作られる日本酒で味は弱いシェリー酒にやや近い）の杯で互いに乾杯し合うことぐらいでした。しかし、お若い王子尚順その他二、三の方々はすぐさま極めてくだけた態度で歓談を始められました。また宴の途中、ある絵師の入来があり、絵具で客の挙げるものを次々と描いて見せるという芸術的余興があったりで祝宴はごく賑やかに続けられるのでした。なお一同による歌詠みや書き物なども行われました。

食べ物といい話し合いや振る舞いなど、この宴会のあらゆるものが完全に日本的な性格を備え、そのことは宴を主宰する琉球の人たちにとってはこれが唯一の生活様式であると見る者をして思わしめたことでしょう。日本的でない唯一の点といえば、純金の小さな杯に注がれた琉球の極めて強い酒を私ども一人一人が少量ずつ飲みほすようにと勧められたことでした。

冊封使歓待様式の料理

しかし、今一つ別の機会の訪れをみたのは、その後数日を経てからでした。今回は最早や畳にひざまずくことはなく、その代わりにそこには硬い背当てのついた中国風の椅子がありました。おなじみの日本の魚に御飯や海藻のスープはそこにはなく、より豪華で手の込んだ中華料理が中国語で記された豪勢なメニューと共に十二皿にわたって供されたのでした。それはかつて新琉球王の即位に際し、慣例上北京宮廷から慶賀の辞を献上するために来琉する中国冊封使に供されたものと全く同一のものをとの意図になされたのでした。当時着用された赤と緑色の華麗な絹の礼服が幾つか運び出されたのでしたが、今回は戯れにすることであって、我々の主人たちはそれを身につけることをしませんでした。郷土音楽でこの宴に花を添えんものと実に魅惑的な女性の歌い手ら幾人かが列席し、またこの家のご令息がいたずらっぽくその豪勢な支那服を身にまとったりで宴をなごやかなものとしていました。

さらば大琉球島

中国冊封使歓待の様式でなされた晩餐会の後二、三日を経て別離の日がやってきました。その日、知事に警察署長、幾人かの分遣隊将校、そして私はこれから一行を故郷日本本土へと運んで行く汽船陸奥丸船上の人となったのでした。先日の宴の主が私ども一人一人に非の打ち所のない文語体日本語による頌詩《しょうし》を贈ってくれたのでしたが、私自身に寄せられた詩句には次のように記されていました。

おのづから
神や護らむ
わたつみの
波路も風も
きみのまにまに

その意味するところは次のようになろうかと思われます。

Surely must
The Gods protect thee
Inclining to thy behest
Both the breezes and the wave-path
Across the ocean

デッキは私たちに別れを告げにやってきた友人たちで混んでいました。そして私たちが波の上突端を廻る時、琉球特異の慣例に従って緑色の傘を振りつつ別れを告げている人たちでこの城郭にも似た岩礁はさながら生き物のように目に映ったのでした。大琉球島から私が最後に受けた印象、それは青々とした丘辺にその純白な背を見せて輝く墳墓だったのです。やがて夜のとばりがおり、明るい月光の下に島々は次々にくっきりとその輪郭を浮び上がらせ、かくするうちにも我々はガラスの海を北へ北へと船足速く急ぐのでした。

注

1　鼈甲の簪は従来欧米、日本本土の旅行家のいずれの目にも触れた様子がない。

2　伊地知貞馨『琉球沿革地理』。

3　この例およびその他本稿すべてにわたり漢字の日本式発音を採用。この名の北京語による発音は Wén「文」。

4　日本の銀貨は米ドル金貨のほぼ半分の価値を有するのみ。

5　琉球名はスーテイーチーで日本名によるソテツであり、いずれも中国語「蘇鉄」の転訛した形で「蘇生する鉄」を意味する。その根に鉄を蒔くことにより成長すると広く信じられていることからきている。

6　日本の「斤」はほぼ一・三分の一ポンドに相当。

7　琉球に関するマクロード医博の著述にも同一のものが抄録の形で記される。

8　象形文字と英語訳との間の小さな文字は日本語訳。

〈付記〉「琉球」Luchu という呼称について

「琉球」、ルーチュー、という語の語源は詳らかでありません。その表記法に関する限り[*1]、現地および西洋における綴りのいずれの場合にも驚くほど多種多様の表記がなされていることが分かります。中国語による発音 **Liu-K'iu** または **Liu Ch'iu** との同音である流虬、瑠求、流求、流球、留求、琉球のいずれの組み合わせの例、さらにいささか発音を異にする「流鬼」でさえ古い時代の貴重な諸文献にその典拠を求めることができます。これら種々の形のうち最古のもので紀元七世紀の中国の史書にみえる「流虬」は「角のない漂える龍」という文字通りの義で、それは琉球島の形状が波上に漂う若き龍に類似するところからそのような説明が行われていますです。中国人はそれらの群島もしくはそのうちの一つにこのような名を授けるのになかなか巧みです。そして日本本土の説明にみる「龍宮」~龍の宮殿あるいは海神の館《やかた》で海面下のいずくにかあるものとされている~と同一視することも同種の考え方を示すものです。しかし、私は **Liu-K'iu** または **Liu-ch'iu** という音声を表記するのに用いられたこれら諸々の漢字の組み合わせは、単にその各音節を音声的に表記しようとの企てに過ぎず、その語本来の義は漢字による表記法の伝来以前、すでに忘れられていたのであろうと考えたい。その名称はおそらく現在その地に支配的な民族とは異種のものが列島に定着していた時代からの遺物なのでしょう。ただ一つだけ自明なこと、それはこの **Luchu** という語が琉球語本来のものではないということです。それはまた日本語でもないでしょう。何となれば、語頭にlという音韻（rやdも同様）を用いるということは、これら二つの姉妹語の音韻法則にもとるものだからです。現在一般に行われている漢字は「琉球」で琉球の人たちはそれをDuchuのように発音し、一方本土の者はRyukyuという呼び方をします。英語の標準的な綴りLuchu、Lewchewあるいは Loochooは、現在中国北部に行われている発音〜トーマス・ウェイデ卿による表記Liu-ch'iuに由来し、一方フランス語のLiou-Kiouは中国南部の発音Liu-K'iuを代表するものです。初期スペイン人その他の航海者たちLequeos, Lequio, Liquejo, Loqueo, Liu-Kiu, Lieou-Kieouなどのように、いかにも驚嘆すべき多様な方法でそれを記し、さらに後代の著述家たちがLieuchieux, Lieukieu, Lewkew, Lutschu, Liow-tcheou, Lioe-Kioeなどを加え研究家を全く困惑せしめんばかりです。しかし、一見雑多な相違をみせるこれらの綴りも本来中国人通訳のかなり一定した発音にまでさかのぼって考えることができましょう。ここ数年来、日本本土における西洋人の非常に親日的日本学徒の一部では日本語の発音を取り入れRyûkyûまたはRiukiuと綴っています。彼らはあえてRiukiuanやRyukyuanusのような英語やラテン語式の形容詞を用いてはばかりません。私はといえば、政治をこのような事柄と混同せしめて利するところがあろうとも思えずLoochooもしくはLuchuという綴りに固執する者です。このことは私どもが今初めてこの地名を記さねばならぬと仮定した場合に、それがわれわれの考え得る最上のものであるというのではなく、これが過去ほとんど一世紀にもわたって英国の著述家、地図制作者の間で最も広く採用されてきたものだからです。英国地理学協会は Luchu を好み、英国海軍省海図は Luchu および Liu Kiu を併用、日本海軍省海図第三十四号はおそらく英国の用法に敬意を表したものなのでしょう Liu Kiu を用いています。

不思議なことに琉球人自身は自国がこれによって世界一般に知られているところの Luchu という名称をごくまれにしか用いません。

すでに触れたように彼らは各島にそれぞれ異なった名称を有志し、その中心をなす島はほとんど例外なく Uchina と称されますが、これは公的には北方諸島を除いた全列島を指すのに用いられている日本語 Okinawa に相当する名称で、より古形を留めるものです。それを表すのに用いられる字は「沖縄」で「海上の縄」を意味しますが、これはこの島の形状が波上に浮ぶ一片の縄に似ている所から付されたものだとの伝統的な説明がなされています。しかし、この通俗的な語源説が真に注目するに値するものかどうかは疑わしい。今一つ、この列島に対する名称で日本語の古語であり、おそらく現地本来の言葉ではなかろうかと思われますのが「うるま」ですが、この語は列島中最も遠隔の地、南の果ては波照間《はてるま》（すなわち、最果てのうるま）にその残影を留めるかに思われます。この「うるま」という呼称に関しその語源を解明している文献は見当たりません。

本稿にて用いられるその他の琉球の地名表記に筆者は一貫して日本語の発音に従いました。このことは、現在それが最も支配的なものであり、おそらく今後地図、郵便、電話などで用いられ残存するであろうというのが主なる理由です。また首里（大琉球）の発音が先島諸島においては大きくかけ離れたものとなっており、従ってそれぞれの場合に各地方の発音を記そうと努めれば大変な困難に直面するであろうということも理由の一端です。逆に日本語による発音は画一的で容易に確認し得、その上現在日本在住の西洋人がほとんど普遍的に採用している日本語の発音表記法は英国地理学協会の推挙するそれとほぼ合致するものとなっています。唯一の相違は長母音を示すために（アクセントに非ず）ある種の母音上に横線を用いること（例えばō、ū）ですが、その長短両母音の区別ということは、日琉両語いずれの場合にも絶対必須のものとなっています。

注

1　本土におけると同様、琉球でも漢字による表記法が支配的であり、現地に見る用字法は中国語の影響によるものとすることができよう。

学会員による討議録　上掲論文の読み上げられるに先立ち英国地理学協会長は次のように述べた。「今宵我々がここに集い拝聴せんとする論考は貴重にしてかつ勝れた地理学的知識を我々に与えてくれるに十分ふさわしい人物によるものであります。バジル・ホール・チェンバレン氏は特に極東諸言語に関しては最もすぐれた語学者であり言語学者であります。彼はまた堅実な地理学者でもあります。今夜ここに氏をお迎えすることができないのは遺憾に存じますが、ダーウィン少佐がチェンバレン氏に代わってその論文を読み上げていただくことを快諾された旨諸君にお伝えできるのを嬉しく思います」

論文の読了後、以下の討議がなされた。

シーボーム氏「琉球諸島に関し私が意見を述べ得る唯一の資格としましては、ここ十年来日本の鳥類採集家と書信を交わしており、これらの島々からの標本を数点入手し、また群島の鳥類に関し幾篇かの論文を書いたということだけであります。それについて一、二の極めて興味深い事実があります。氏の訪問された主要な島々は北部および中央部のそれであって、南の先島に関しては鳥類学的には実質上なんら知るところがございません。そして彼の地への渡航は従来極めて稀であるといわねばならず、そこにおいて見出される鳥類の総数とかということを我々はなんら知るところがないと思います。現在までに発見し得た琉球特異の鳥類は十二種を下りませんが、その内の一つでおそらく最も興味深いものと思われますのが極めて美麗なキツツキであります。これは他のいずれの鳥類よりも極めて特殊なものだと考えられているために、キツツキに関する鳥類専門家はその分類に属を新たに設けているものであります。さて、これらの事実と関連し地理的に興味ある点は次の事であります。すなわち今夜これらの島々が部分的には珊瑚礁から形成されたものであり、また一部には火山系であると報告されましたが、そここにみる鳥類の生態からしてそれが極めて古いものに違いないということはかなり明白なことであります。英国においては英国独特の鳥類がただ一種存在するのみであり、しかもそれが北欧にみる種類にあまりにも近いものであるため、英国がヨーロッパ大陸より分離してかなり時間を経ているとする確証にはほとんどならないのであります。そこで全く種類を異にする鳥が琉球列島に存在することは、日本本土からの分離が極めて古い時代に遡《さかのぼ》ることを示すものでありましょう。今夜我々のために読み上げられたこの上もなく貴重な論文を私どもも多大の関心をもって耳を傾けたことと思います。ダーウィン少佐が立派に読み上げて下さった事に対し、我々一同多大の謝意を表さねばならぬと存じます」

提督ジョン・ヘイ卿「五十年前琉球を訪れた者として私はこのかけがえのない論文に対しチェンバレン氏に心から感謝申し上げたく存じます。学会をこれ以上お引き留めしたくはありませんが、ただ、この著者の祖父バジル・ホール大佐が彼の地を訪れて以来、琉球列島における変様が今日に至るまでいかに微々たるものに過ぎぬかということを指摘したいと思います。それから日本本土ににおける目を見張らんばかりの変革を目のあたりにし、日本が今すぐにか、さもなくば遠からずその完全統治権を主張するであろうと思われる周辺の島々にはそれが及ばなかったのだということに驚かされます。私は彼の地にある間、その国の十分なる観察、踏査の機会をほとんど持たず、いささか島を巡遊は致しましたが奥深く究めたわけではありませんでした。しかし、かの見事な道路は高度の文化を示すものとして我々一同を驚嘆させたものでした。常に衆目の届かぬ日本本土の将軍のように琉球王のお隠れになっていらっしゃる、かの重厚な建造物があろうなどとは誰一人予想しなかったことです。それはいかにも頑丈な構えのものでありましたから仮にもそれを占拠せんものならば重砲をも必要としたことでありましょう。しかし、その必要はなかったのであります。といいますのは、彼らは最大の礼節を我々に尽くしたのでありまして、それは単に親切心のみにとどまるものではありませんでした。その親切心は、しかし、ご婦人からのものではなかったことを私は告白しなければなりません・彼女らはおそらく我々一行の姿を認めたことでありましょうが、我々がその魅惑的な姿を瞥見する機会を与えてはくれませんでした。かつて琉球を訪れた者として、仮にもチェンバレン氏にこの論文に対する謝意を申し上げねばそれは当を得たことではなかろうと思った次第です」

英国地理学協会長「彼の地を踏まれたことがあるとのことを我々に教えていただき提督ジョン・ヘイ卿に心から感謝申し上げたく存じます。というのもこれらの島々を訪れる機会に恵まれた海軍士官というのはごく僅かだからであります。私は、我々全員がチェンバレン氏の論考を絶大な関心を抱きながら拝聴したことと思います。それは総合的、包括的にして諸君が後日直接目を通される機会がありましたら、詳細を極め余す所のないものだということにお気づきのことでありましょう。これはまた我々が幼少の頃初めてこれらの島々についての物語を聞かせてくれた我が先輩の令孫に期待し得る論考でもあります。チェンバレン氏の祖父であり、琉球に関する著述をなした近代初の人物であるバジル・ホール大佐は本学会の前身である「探検家クラブ」の最も古い会員の一人でもあり、最も活動的なお一人でもありました。彼は我が学会初の理事会委員でもありました。その令孫の論文を本学会にて読み上げることになったこのたびの出来事は地理学の学術諸文献がバジル・ホール大佐に負う幾多の恩義に対しそれを記念する機会だとすることができましょう。かの雄々しき海軍士官にして、また科学的な航海士でもあったホールは遠洋の地にある幾多の島々に関するその見事な記録により、そして総合性、優雅さ、完成された文体により、その著述を英国古典文学中に位することとしたのであります。かつて私は海軍士官候補生の頃、非番の折りにはホール大佐の *Fragments of Voyages and Travels* を自分のハンモックに持ち込み、見張り用の灯りを頼りに読んだものでした。その後裔チェンバレン氏が先人の跡を辿り祖父バジル・ホール大佐の文名を高めるに功あったと全く同じ島々に関し、かくも明快達意の論考をなしているのをみるのは興味深い符号だと諸君誰もが同様にお感じのことだと思います。チェンバレン氏が今宵私どもと同席することができなかったことは無論一同遺憾とするところではあります。しかし、氏の貴重な論文に対して心からなる謝意を表し、また我々のためにそれを読み上げていただき、あるいはその準備などで多大なお骨折りをいただいたダーウィン少佐のご好意に対し感謝申し上げたいこと、これは諸君一同私と意を等しくするものと信じて疑いません」

Ⅲ　チェンバレンの「琉球語概観」

初期琉球語サンプルと『沖縄対話』

バジル・ホールの著になる『朝鮮西部沿岸および大琉球島航海探検記』に付された僅かばかりの語彙は、はじめて琉球語の実例が世に知られることとなったものである。一八一八年のことだった。

しかし、こうして荒れ地に種子は蒔かれながらも、その後七十七年を経る今日、琉球語に触れたいかなる欧文文献の発表をも見ぬままとなっている。ごく最近の著述に沖縄県当局によって一八八〇年、那覇において発刊された日琉会話書『沖縄対話』が唯一のものであるが、これは、琉球の人々にいわば彼らの主人である日本本土の人たちの言語を修得せしめるべく、その手引きとして編纂されたものである。しかし、その文体は不自然かつ正確さを欠くものとして広く世の批判を浴びているものである。

琉球語の文典は、従来いかなる言語によっても記述刊行された例がなく、また琉球現地の人々〜彼らは文化的にはきわめて勝れた人たちではあるが〜は、文法という言語科学の存在を全く与り知らない。従ってわたしは、今こうして極東言語学徒の前に公表せんとする〜それは、かなり勇気を要することではあるが〜研究成果を得るに至るまでには、いささか至難な研究過程をへることを余儀なくされたのであった。

標準首里語と地方語

資料の一部は、一八九三年、琉球は首都首里における現地知識人の幾人かより得たものであり、他は一八九四年から一八九五年にかけて、たまたま東京に居合わせた今一人の教育ある首里出身の者から得られた。後者の発話と現地の人々のそれとには、比較しえるかぎり、あらゆる点で完全な一致がみられたので、彼について得た資料は、現地で採集したそれと全く同等に評価してよかろう。しかし、農村地域においては、いわゆる首里標準語とは、かなりの相違が見られ、特に北部の山岳地帯、山原《ヤンバラ》においてそうであるといわれている。なお、おそらくそれらの地方には、首里の教養ある上流階級の間では、もはや聞かれなくなった語句語法の多くが依然その古く純粋な形を留めている蓋然性があろう。同様のことは、久米島についてもいえよう。彼の地では発音、語彙にやや地方的相違がみられるが、いわゆる標準琉球語が行われている。これらの調査については、なお、かなりの時間的余裕と多大の困難に打ち克つ強固な意志とを備えた今後の来訪者に待たねばならない。

琉球語の派生、系統図

琉球語は、この地にやってくる迷える宣教師たちを除けば、おそらく日本語の知識を有しない人たちによって学ばれることはないであろう。それは、アッシリア語がヘブライ語の専門家以外の者によって学ばれる可能性の少ないことと同様である。それゆえ、次に試みる琉球語の文法的分析は、主として日本語と琉球語の比較という観点からなされたものであり、その日琉両語のいずれよりも古い言語、そして共通祖語なる者の存在をみぬ今日、この限られた範囲内において、両言語の形態を通じ、その解明をなすことを目的とする。この小言語族を体系的に示せば、次のようになるであろう、これらのうち、仮想言語は（　）で囲んである。

（共　通　祖　語）

／　　＼

（古代日本語）　　（古代琉球語）

｜　　｜

現代日本語　　現代琉球語

さらに、この図式には、宮古島やその他、琉球、台湾間に横たわる島々の古代および現代語を加えるべきであろう。ほとんど未知のままであるこれらの島々は、十四世紀に至るまで独立を保ち、人々の言語も琉球語が日本語と異なる程度に琉球語そのものとも著しい差異を示すものといわれる。

琉球語の表記

以下にみる表記法は、在日外国人の間で日本語をローマ字化するのに広く用いられているものである。これは、英国地理学協会が、いまだローマ字化されていない言語の転写に勧めている表記法と事実上、同一のものである。

日琉両語の同系性

日琉両語を結びつけている関係の程度を正確に定義づけることは、容易ではない。たまたま次にみる一対の単語群およびそれに類する数多くの語を一見すると、われわれは、琉球語が単に日本語の一方言に過ぎず、oがuに変じ、eがiになったものだと思うことであろう。

	日本語	琉球語
物	mono	munu
酒	sake	saki
通り	tōri	tūri

さらに、そういう観察を裏付けるものとして、例えば sakana「肴」、uta「詩《うた》」、yama「山」など、日本語と全く同一の語を挙げることができる。

また一方、いかなる日本人、または西洋人〜いかに著名な日本語研究家であってもよかろう〜に対し、日本語よりの翻訳になる次のような会話文を提示したとしよう。

Sai!

Imenshēbiti!　Ww'īri mishēbiri.

Nūsē menshēbī ga yā?

Namā u nji mishōchi, imenshēbirang.

Ang y' a-mishēbīmi? Ang sē, u kēmishēbidungsā,
Murunjatu ga yushiritōta' ndi unnnukiti u tabi mishēbiri.

Ū!

いかに勝れた日本語の専門家といえども、これを眼前に提示されると、それがいかなることを意味するものなのか、かすかなヒントさえ得ることができないであろう。それどころか、そういうことに気づくよりも、まずその会話文の言語が日本語と何らかの関係を有するものであることすら、全く推察し得ないだろう。上の一節は、しかし、特に難解なもののみを抽出したわけではない。それは全く単純な、普通にみられる琉球語なのである。

同系関係の実相

日琉両語の文法を仔細に比べると、語形論、統語論のいずれに関しても相当な一致の存することが分かる。その一致という点では、スペイン語、イタリア語間に存するもののごとくであり、詳細にわたる点においては、なおかなり著しい相違がみられるという点でも同様である。そのことは語彙についてもいえよう。ある点では、日本語が仮想共通祖語を忠実に継承し、また別の点では琉球語がそうであるといえよう。琉球語は、幾つかの特殊な点において現代日本語よりも、より忠実に古代日本語の姿を代表するものであり、このことは、動詞の活用において特に顕著である。日琉両語の相互関係をスペイン語とイタリア語とのそれ、いやむしろスペイン語とフランス語とのそれに比しても、全体的にみれば、あながち当を得ぬことでもあるまい。

北方琉球語の変様

一方においては、フランス語とスペイン語との関係におけるがごとく、他方ではまた、フランス語とイタリア語間の関係におけると同様、ここでもわれわれは、当然のことながら日琉両語圏に議論すべき類似点、あるいは非類似点の存することに気づく。例えば、mori「森」に対する moi のごとく、しばしば語中の r を脱落せしめる点、薩摩方言は、ある意味では琉球語に類似する。しかし、薩摩方言は、東京の者にとっては、かなり理解し難いものとはいえ、全体として、日本語としての性格を明確に顕示するものであり、南の姉妹語にみる文法的特異性を何ら示すものではない。琉球最北端の種子島は、その歴史上極めて特異な状況から、隣接する薩摩方言よりも普通には、むしろ日本東部の言語と相通ずる特色をもつに至っている。

奄美大島は、本来、琉球語を話す人々が定着していたと思われるが、そのことは、二、三の紛れもない琉球語、例えば tïda「太陽」などといった語が依然その言語に跡を留めていることでも知られる。しかしながら、この島に対する日本本土の政治的統括、および過去三世紀にわたって行われた本土との交渉は、この島を全く日本化せしめるに至っている。このように、その間の変化を窺い得る形態のことごとくが消失し、われわれは、大琉球島に至ってはじめて異質の言語と相対していることに気づくのである。

著しい本土語の影響

とはいえ、過去三世紀の間というものは、この地においても日本本土の影響が著しく、特に過去二十年がそうである、といえよう。かの政治上の諸事件は、琉球をいよいよ日本本土の傘下に収めることとなり、そのことはまた、上流階級の言語、そしてまたそういう人たちを通じて多くの住民の言語そのものにも影響を与えずにはおかなかった。このことは、単なる理論上の憶測でもない。今日、われわれのみるいわゆる標準琉球語は、一方では、日本語に近いか、または、全く日本語そのものの語、そして他方では、全く異質の語といった、相対する一連の単語群を顕示する。例えば、**bappē** および **machigē**（日。**Machigai**）「間違い」、**aikō** および **ai**（日。**ari**）「蟻」、**anda** および **abura**（日。**abura**）「油」、**ayā**, **ammā** および **fafa**（日。**haha**）「母」、**ūdu** および **futung**（日。**futon**）「布団」、**nību** および **fishaku**（日。**hishaku**）「ひしゃく」等々のごとくである。

そのような場合、本来日本語と形態を異にする語の場合が、常に一般の人々および子供らによって最もよく理解されているものであり、それゆえに、それは紛れもなく純粋な琉球語なのであろう。このため、例えば親族語とか、またある種の文法的語尾などといった最も基本的な用語が、より多大の相違を顕示する一方、現代語（新造語一般ないし新しく作り出される物品に対する名称など）が、まず薩摩より、そして、より最近に至っては、東京より怒濤の如く流入している。各学校における日本語の教授、そして、かつては日琉二つの島をあれほど隔絶していた断層に橋渡しをすることとなった汽船による交通通信などといった時勢の変移とともに土地の方言が隅に追いやられ、俚言と化し、ついには消え去るであろうことは疑いえない。

現時点においては、琉球語は、依然あらゆる階層の人々の間に広く行われている。また、いわゆる統治者の言語である日本語を教え、かつ学ぼうとする彼らの努力にもかかわらず、日本語は、ごく僅かの者によってしか理解されず、完全に修得し得た者は、さらに少ないであろう。日本語を口にしえる者でも独特なアクセントで話し、それは、ちょうど朝鮮の人々が日本語を話す場合のそれを想起せしめるものがある。また、この地に居を有する本土の者で琉球語を修得しようとの労をとる者は、ほとんどなく、通訳ないし身振りによるか、または、僅かばかりの pidgin、すなわち非標準的な言語による意思疎通の方法に訴えるのみである。

語源論に光明を投げかける琉球語

琉球語が日本語に何らかの光明を投じえるとすれば、それはいかなる性格のものであろう、との疑問が湧くことだろう。このような問いに対しては、われわれは、次の如く答えるであろう。すなわち、それは、ごく普通にいえば、いわゆる姉妹語同士が互いに裨益《ひえき》しあう種類のものであると。例えば、時としてわれわれは、特定の言語にみるある種の語源について恩恵を蒙ることがある。

「屋根」と記される日本語の yane という語をとりあげてみよう。この語は、一見、「家」を意味する上古語 yā と ne「根」から成るもののごとく思われる。しかし「屋根」は、家屋の上部を意味するよりは、むしろ、その土台または地下の部屋を指すにふさわしい名称であろう。ここにおいてわれわれは、琉球語の「屋根」に相当する語が yā nu wwī すなわち、文字通り「家の上」であって、日本語におけるような不自然さを伝えるものでないことに気づく。この語をそのまま日本語に置き換えると ya no ue となり、yane の有する ne なる音節は、おそらく no ue の縮合形であろうと結論し得る。しかも、そのような音韻縮合は、日本語の性格ともよく合致するものである。

また、ある場合には文法的形態の面で示唆をえることがある。日本語動詞の各種活用形、活用の種類が特にその好例であるが、この場合、琉球語よりの類推により単一の種類にまで還元しえることが分かる。日本最古の文学作品に記されながらも、おそらくは、一千年もの昔、日常語から消滅していったであろうと思われる興味深い古語に遭遇することが少なくない。そのようなものの一つが、上古日本語 nae「地震」に等しい nē であり、これは、北の日本本土においては、早くから漢語による同義の ji-shin「地震」によって置き換えられているものである。そのほか、現代日本語では中国語よりの niku「肉」によって置き換えられてしまった shi-shi 今や死語となった中古日本語 toji に相当する tuji「妻」などがある。

時としてわれわれは、いかにももっともらしい語源についても一考を要することを知ることがある。例えば、一部の人たちが、かつて憶測したように、日本語の kami「紙」を中国語の kan「簡」と関連づけることのほとんど不可能なことを琉球語の kabi「紙」は教えてくれる。学術思考一般の流入と相まって「紙」そのものが初めて中国からもたらされたことは疑いなく、その結果、紙そのものを指すのに中国語をそのまま採り入れたということは、あり得ぬことでもなかろう。

侵略民族の到来

日琉両言語の比較は、時として以上述べてきたこと以外にも、より興味深い、広範な新分野を展開せしめてくれることがある。例えば日琉両語の姉妹関係は、そもそも日本語というものが最後に日本国へ到来した征服民族の言語であって、従来信じられてきたごとく〜それは、それなりに理由のあることではあったが〜それ以前、中央大和地方（例えば日本語をしばしば「大和言葉」とする、かの大和 **yamato**）の一部に定着していた先住民族の言葉ではない、ということを断固として証するものではなかろうか。逆にいえば、かつて、フランク民族やノルマン民族が被征服地の辺境ラテン語を用い始め、蒙古民族や満州民族がシナ語を採り、さらに歴史の伝える同様な諸事実にみるごとき、比較的少数の民族によって用いられはじめたところの、そのような言語ではない、ということである。日本語の場合は、むしろ先住民族の言語を淘汰し、ついには消滅するに至らしめた、かのアングロサクソンの例に類似するといわねばならない。それでなかえれば、日琉両語間に脈打つ関連性は、説明がつかぬであろう。

日本の初代人皇神武天皇が、ひとたびこの国の西端で頭角を現すや、以後東方へと勢力を押し進めるとの古代伝説なるものは、かなりの真理を含むものであろうというのが、われわれの信ずるところである。地図を一見すれば、対島を踏み石とする九州地方が日本ではアジア大陸に最も近い位置を占めることが分かる。この平易な経路を経、紀元三世紀以前のある時点において征服民族がこの地へ到来したものと憶測することができよう。何となれば、当時の中国における歴史文献に記述される地名、その他の諸名称には、紛れもなく大和言葉の響きを有するものがあるからである。伝説の語るごとく、侵略者たちは九州より東方へ、そして北方へと押し進み、あるいは先住民族の一部を滅ぼし、あるいはまた他の一部を吸収していったであろう。紀元八世紀に至るまでには、北緯四十度に平行する地点にまで及んだこの日本植民地化の過程は、今日も依然として続いている。というのも蝦夷は、今日ようやく日本人で埋まりつつあるところであり、いわゆる原住民の数は、依然として人口のかなりの部分を占めるからである。

ところで、侵略民族の本隊が陸地の一般的方向にしたがい北東への進路を辿る間、おそらく内部抗争に敗れた一部の落伍者、弱小者ないしは、流浪民の一群が南の島々、すなわち九州は鹿児島湾口より今日、大琉球島として知られるその全域にわたり、踏み石のように伸びる島々へと安住の地を求め、さまよい至ったということは、本来あり得ることではなかろうか。中世にこのような流浪民の到来のあったことは、歴史の教えるところである。それ以前に時代に同様のことがなかったとどうしていえよう。民族的、ならびに言語上の類似性は、このように極めて簡明にその説明を求めえるのであり、一方、時間と空間との距離は、今日ある差異を十分説明してくれる。

仮名文字、漢文

従来、未知のままであった言語に関する論考なるものは、その言語が如何なる、文献記録を有するのか、ということについて記述することが求められよう。強大な隣接二大国の影にひそみ、琉球は独自の文芸記録を発展せしめた形跡がない。知識階級の間では、文字による意志の疎通には、漢文をもってするというのが、幾世紀にもわたる慣わしであった。

紀元一六〇九年に、日本国に服して以来、日本語も多くの人々によって学ばれ、文語体日本語による和歌を詠ずる能力の並々ならぬものであったことを琉球の人々は、証している。土地の言語による文章を記すのに、時として仮名文字が用いられてきており、石片にその種の簡単な碑文が認められるほどである。しかし、日琉両言語間に存する音韻構造上のおおきな相違、特に琉球語が日本語にみられない数種の音韻を有することが、琉球語を記録する手段としての仮名文字を不完全なものとしている。

与那国の象形文字など

琉球列島最南西端に位する与那国において用いられた原始的象形文字については、『英国地理学協会紀要』一八九五年四月~六月号にみる拙稿「琉球諸島及びその住民」にて例示した。また琉球の農村地域において村の会計記録に資する目的で用いられてきた、スーチューマと称される奇妙な符木についても遠からず発表されるであろう。ただ、これら二種の原始的遺産のいずれの場合も言語そのものの音声表記を試みたものではない。

「おもろさうし」「混効験集」発見

「漢字仮名交じり」により表記される歌謡集一巻の他に首里役所長、西氏所蔵になる極めて不可解な稿本二本を目にすることができた。そして、われわれの琉球滞在中、県令の斡旋によりそれらを転写してもらうとの栄誉に浴した。その一つは、中国皇帝康熙在位五十年（一七一二）に首里王府の命により編集された特殊語、或は古語古文辞を収めた語彙集成である。今一つは、一六二三年以降の日付が見られるゆえ、上記のものよりほぼ一世紀も古いものであるが、王府において祭事に供された古代歌謡、あるいは祈祷文の集成であるかに思われる。このような稿本の研究には必然的に多大の困難を伴うものであるが、特にこの国独自のものに非ずして、しかも不適切な表記法により記されていることが、その難解さを倍加せしめている。音声上、意味上、共に明確さを欠き、ためにこれを究めんとする者は、その研究過程の一つ一つにおいて確固たる地盤を危うくされることに気づくであろう。少なくとも現在のところ、これら諸稿本のいささかなりとも満足のいく解明発表をなしえる立場に至っていないことを感じる者である。

戯曲と歌謡

我々の推測し得る限り、琉球における純粋なる大衆文学ともすべきものは、戯曲と短い形式の歌謡とに二分されよう。前者は文学として存在するのではなく（少なくとも一語一句書き写された形ではない）、役者は己れの台詞《せりふ》を他から口伝えに学ぶ。また歌謡の場合も、ほとんど例外なく口承的なものであり、その多くが地方色を帯びたものとなっている。それぞれの村において独自の歌謡形式が尊ばれ、比類なきせせらぎの美しさ、砂浜、丘辺、古木などを詠ったものである。その他にも素朴な土地の人々が、古くより祖先の住める己れの土地を、この世の楽園としえる諸々の主題が歌にされる。広く人口に膾炙《かいしゃ》した格言、妙をえた警句の類も、無論、存在する。とはいえ、意味深長な格言によって信条、哲理をうまく表現することのない国民などが、かつて存在したたであろうか。

琉球の歌謡形式は、四行詩からなり、各行それぞれ八・八・八・六個の音節を有するが、二行目に休止がくる。四行で一個のまとまった詩形をなす。脚韻をふまず、特に長母音、短母音は、発声上の長短の差異が極めて顕著であるのもかかわらず、それぞれ一音節として数えられる。これら一々の点についてもまた、日本における和歌との類似点ならびに相違点が認められる。日本でも短い詩形が好まれ、脚韻の存在が知られない。しかし、日本の詩歌は、それぞれ五・七・五・七・七の音節を有する五行詩からなり、三行目に休止がみられる。長音節は、古語における二個の異なった短音節に相当するが、今日でも依然、同様な表記がなされる。かくして、これらの異なった詩形が共通なるある一つのものに発生の起源を有する可能性は大いにあろうが、今日その様相を異にすること甚だしく、それぞれの詩形の聞き手に訴える効果にしてもまた然りである。琉球の格言数種、詩歌数種を含む有名な歌劇が本巻「会話例」の末尾に収められている（注：原著者チェンバレンによるこの部分、および以下の記述の詳細については訳者、山口の「琉球語の文法と辞典～日琉語比較の試み」を参照されたい）。琉球語、日本語、英語の三欄にわけて記してあるこれらの会話例、および短編物語集は、いずれの場合も日本語を基にしてできたものである。そのことは、琉球語に必要以上に日本語的な響きを強いることとなり、そのような点は、遺憾である、翻訳なるものが、おしなべて何らかの形で原文の影響を蒙ることを避けえぬからである。しかし、われわれの立場上、そのことはやむを得ぬことであった。

初出一覧

Ⅰ　チェンバレンと琉球弧との繋がり
　ニューヨーク、ハワイでの講演草稿に大幅加筆修正

Ⅱ　チェンバレンの琉球・沖縄見聞録
　『王堂チェンバレン〜その琉球研究の記録』（琉球文化社、一九七一年）の「Ⅳ琉球文化研究、12琉球〜その島と人々」九三〜一七四頁を会話体にして再録。

Ⅲ　チェンバレンの「琉球語概観」
　『琉球語の文法と辞典』（琉球新報社、二〇〇五年）の「第一章序論」一五〜二六頁。

あとがき

バジル・ホール・チェンバレンの古典的名著 *Essay in Aid of a Grammar and Dictionary of the Luchuan Language* が世に問われたのは、一八九五（明治二八）年、著者チェンバレンが東京帝国大学博言学科在職中のことでした。そして、その英文原著の拙訳和文完訳編が『琉球語の文法と辞典〜日琉語比較の試み』として刊行されたのが、その後実に百十年を経る二〇〇五（平成十七）年のことでした。その間、金城朝永の『那覇方言概説』や拙編訳書『チェンバレン日琉語比較文典』などで、英文原著の内容が部分的であったにせよ紹介されてきました。そして、これまで、ほぼ半世紀にわたってチェンバレン研究を専門分野としてきた不肖私の著作『英人日本学者チェンバレンの研究〜〈欧文日本学〉より観た再評価』（沖積舎、二〇一〇年）によって、「国際琉球学」「欧文琉球学」のパイオニアとしてチェンバレンの日本学を含む、琉球学のほぼ全容が明らかになったと言えましょう。

　日本文化圏を大きく二分し、しばしばそれと対立、平行しながら存在する一大琉球文化言語圏がますます、その重要性を増しつつある事実は、特に戦後より二十一世紀を迎える今日まで積み重ねられつつある学術上の研究成果を概観するだけで一目瞭然です。そのような華々しい研究成果の内でも、特に琉球語研究の基《もとい》をなしているのが、チェンバレンの慧眼《けいがん》だったとすることができましょう。本書は、そのようなチェンバレンの学問的営為の一端を垣間見せてくれることと思います。本書が読者のチェンバレン理解へのさらなる一助ともなれば幸いです。

二〇一六年十一月吉日

米国東部ニューイングランド、鉄泉庵にて
山口　栄鉄（文博）

著者
山口 栄鉄（やまぐち　えいてつ）
1938年沖縄県那覇市生まれ。「国際琉球学」「欧文日本学・琉球学」研究者。プリンストン大学、スタンフォード大学、エール大学を経て、沖縄県立看護大学教授を歴任。かつての琉球国、現今の沖縄列島の人たちにあまねく知られる、英人バジル・ホールの裔孫バジル・ホール・チェンバレンの先駆的な琉球研究の全貌を紹介。バジル・ホール研究会名誉会長。米国在住。
主な著作に、『英人日本学者チェンバレンの研究―〈欧文日本学〉より観た再評価』（沖積舎）、チェンバレン『琉球語の文法と辞典―日琉語比較の試み』（訳書、琉球新報社）、チェンバレン『日琉語比較文典』（訳書、琉球文化社）、『王堂チェンバレン―その琉球研究の記録』（琉球文化社）、『英人バジル・ホールと大琉球』（不二出版）などがある。國學院大学文学博士。

チェンバレンの琉球・沖縄発見

2016年11月20日　第1刷発行

著者
山口《やまぐち》 栄鉄《えいてつ》

発行所
㈱芙蓉書房出版
（代表　平澤公裕）
〒113-0033東京都文京区本郷3-3-13
TEL 03-3813-4466　FAX 03-3813-4615
http://www.fuyoshobo.co.jp

印刷・製本／モリモト印刷

ISBN978-4-8295-0693-6

【芙蓉書房出版の本】

世界の沖縄学
——沖縄研究50年の歩み——

ヨーゼフ・クライナー著　本体 1,800円

国際的な視点からの琉球・沖縄研究の集大成

❖中世ヨーロッパの地図に琉球はどう描かれていたか
❖琉球を最初に知ったのはアラブの商人だった
❖大航海時代にスペインとポルトガルが琉球をめぐって競争した

【主な内容】
沖縄研究の国際化
　日本研究にとって「沖縄」は不可欠／大航海時代、琉球をめぐるスペインとポルトガルの競争／「戦争をしない国、琉球」を信じないナポレオン／大シーボルトが伝えた沖縄情報／明治期にピークを迎えた琉球研究／ヨーロッパの沖縄関係コレクション／諸外国で盛んになる沖縄研究……
世界の沖縄学——沖縄研究五〇年の歩み
　シャーマニズムというパラダイム／日本学や沖縄学のパラダイムの変化／琉球・沖縄コレクションの役割／世界の沖縄研究の動き……
沖縄のアイデンティティを考える
　琉球・沖縄のターニングポイント／日本研究のパラダイムの変化／「超歴史的」なアイデンティティはありうるか……
ヨーロッパ製地図に描かれた琉球
　ポルトガルの琉球地図の時代／情報不足の時代と中国からの新しい刺激／再発見と新しい研究の時代……
ヨーロッパの博物館・美術館保管の日本コレクションと日本研究の展開
ヴィーン歴史民族学派と日本民族学の形成
　—及び日本民族学が中欧の日本研究に及ぼした影響—
私の旅の日本
　文献学的ジャパノロジーからの脱却／ヨーロッパに影響を与えた日本文化／終着駅は始発駅……

【芙蓉書房出版の本】

琉球諸語の復興

DVD「琉球の島々の唄者たち」（120分）付き

沖縄大学地域研究所編　本体 2,800円

奄美語・国頭語・沖縄語・宮古語・八重山語・与那国語（琉球諸語）は方言ではなく独立した言語（2009年にユネスコが認定）。
しかし、共通語（標準語）中心の言語政策のなかでこれらの言語は死滅の危機にあるとされている。
琉球民謡の大御所といわれる4人の唄い手が沖縄大学土曜教養講座に勢揃い。島々の言語で熱いトークと唄三線独演を披露
（→「第2部」映像を完全収録したDVD付き）
少数言語の復興運動の意義をカタルーニャ語（スペイン）、ハワイ語（アメリカ）の例から学ぶ。

【本書の内容】

第１部　琉球諸語概説
琉球における言語研究と課題（新垣友子）／「奄美語」概説（新永悠人）／「国頭語」概説（西岡敏）／「沖縄語」概説（西岡敏）／「宮古語」概説（青井隼人）／「八重山語」概説（仲原穣）／「与那国語」概説（伊豆山敦子）

第２部　琉球の島々の唄と言葉——琉球の島々の唄者たち
琉球諸語の復興を目指して—（照屋寛徳・天久勝義・大工哲弘・宮良康正・比嘉光龍）／「琉球諸民謡」という新しい定義の提唱（比嘉光龍）

第３部　琉球諸語の復興〈シンポジウム〉
スペイン・アメリカの少数言語復興から学ぶ（塚原信行・松原好次・比嘉光龍・新垣友子）
〈パネルディスカッション〉

少数言語復興運動の意義——あとがきに代えて（原　聖）

【芙蓉書房出版の本】

世界遺産・聖地巡り

琉球・奄美・熊野・サンティアゴ

沖縄大学地域研究所編　本体 1,900円

2013年１月「奄美・琉球」が世界自然遺産の暫定リストに載った。近い将来、沖縄は文化遺産と自然遺産を持つ国内唯一の地域となる。沖縄の世界遺産（琉球王国のグスクと関連遺産群）は「聖地」でもある。「聖地」をキーワードに熊野古道、サンティアゴ巡礼路まで取り上げている。

【本書の内容】世界遺産条約の仕組みと今を知る（花井正光）／琉球王国の世界遺産〔世界遺産を詠う（高良勉）琉球・世界遺産の魅力（當眞嗣一）山麓の巡礼路—「東御廻り」と「今帰仁上り」（盛本勲）〕／聖地巡りとしての世界遺産〔道の世界遺産　熊野古道（須藤義人）、サンティアゴ巡礼路（佐滝剛弘・緒方修）〕／新たな世界遺産に向けて〔奄美・琉球諸島を世界自然遺産へ（岡野隆宏）四国遍路（胡　光）〕

ぶらりあるき　沖縄・奄美の博物館

中村　浩・池田榮史著　本体 1,900円

ガイドブックに出ていない博物館、もっと知りたい博物館、ちょっと変わった博物館を、肩のこらない文章と写真で探訪。こんなにたくさんの博物館・美術館があったのかと驚く。

【本書の内容】沖縄県立博物館／那覇市歴史博物館／壺屋焼物博物館／対馬丸記念館／ゆいレール展示館／沖縄セルラー・スタジアム那覇 野球資料館／旧海軍司令部壕／おきなわワールド／沖縄県平和祈念資料館／佐喜真美術館／読谷村立歴史民俗資料館／恩納村博物館／名護博物館／海洋博記念公園美ら海水族館／久米島博物館／紬の里ユイマール館／久米仙酒造工場／宮古島市総合博物館／うえのドイツ文化村／恵子美術館／宮古島海宝館／石垣市立八重山博物館／石垣市伝統工芸館／泡盛博物館／具志堅用高記念館／竹富民芸館／奄美市立奄美博物館／田中一村美術館／奄美海洋展示館／徳之島町郷土資料館など143館。